リスクのもとでの意思決定

坂上 佳隆 著

追手門学院大学出版会

本書の出版にあたって

　本書は筆者の博士論文に基づいている．当時，博士論文を製本して出版ということは必ずしも必要でなかったため，博士論文の出版刊行はしなかった．時が経ち，勤務校で1年間の国内研修の機会を得ることができ，その間に研究書を書くという予定であった．念頭には上記論文の製本化があったが，実際には研究のほうにばかり目が向いていたこともあり，結果的には実現しなかった．そのまま時間が経過し現在に至っている．

　今年度は，行政面で忙しくなり，研究時間の確保もままならなくなっており，また本を書くということにあまり関心がなかったのであるが，材料はあるので，この際本を書くことならば可能であり書いてみようと思った．書くことを勧めてくれた当時の学部長も，今年度定年を迎えられ，なんとか在職中に実現させようということも，動機の一つである．

　このように博士論文作成よりかなりの時間が経過しているが，内容的にはまだ新しさを失っていないと思っている．当初考えていたタイトルは「不確実性のもとでの意思決定」であったが，指導教授より確率分布がわかっている場合の分析なので，「リスクのもとでの意思決定」とするほうが良いという助言を頂き，最終的に「リスクのもとでの意思決定」とした．リスクのもとでの意思決定といってもほんの一部の領域に過ぎないため，今思うと，かなり僭越なタイトルであった．今ではもう少し限定したほうが良かったのではないかという想いが時々脳裏を過っている．

　リスクのもとでの意思決定に関する，公表した三つのペーパーが主たるソースである．本書の各パートに各ペーパーが含まれているので，3部から構成されている．さらに，第I部は一つのデスカションペーパーと他では未発表のいくつかの結果も含んでいる．各部の具体的な内容については博士論文に含まれている「はしがき」が参考になると思われるため，ほぼそのまま掲載している

ので参照されたい．参考のために「はしがき」の次に博士論文作成までの著者論文一覧を掲載している．

　なお，2014 年度追手門学院大学研究成果刊行助成金の助成を得て本書の出版ができたことを感謝したい．また，本書の編集・出版にあたって大変お世話になった丸善株式会社 学術情報ソリューション事業部の小原慎一郎様ならびに丸善プラネット株式会社の坂本真一様に厚くお礼申し上げる．

2015 年 1 月 14 日
坂上佳隆

はしがき

　本論文における主題は，リスクのもとでの意思決定である．自然の状態について完全に無知であるときにおける意思決定を完全な不確実性のもとでの意思決定と言い，自然の状態についての情報が確率分布で表現される場合には，リスクのもとでの意思決定と呼ばれるのが通常である．本論文では後者の場合を取り上げている．リスクのもとでの意思決定の標準的な方法は期待効用最大化の方法である．本論文においても，意思決定者はこの方法を用いて意思決定を行うとしている．この方法は Neumann & Morgenstern によって導入（公準化）されたものである．意思決定者がいくつかの妥当と考えられる条件（公準）を満足するならば，効用関数が存在しその期待値を最大にする代替案を選択すべきであり，また，この逆も成立するということが示されている．さらに，Savage は主観的期待効用の公準化を行っている．ただし，効用関数が存在するといっているだけであるので，分析を進めるにあたって必要とされる効用関数の性質については仮定を置いておくのが安全であろう．ただし，効用関数の有界性については，Neumann & Morgenstern の期待効用最大化のもう少し一般的な枠組み，ないしは Savage の主観的期待効用の公準化のもとでは，導出可能である．しかしながら，効用関数の連続性や微分可能性については，必要な場合には直接仮定する必要があるだろう．

　基本的には，期待効用最大化の手法は，期待値を扱うので，線形の手法に属している．これは上述の条件（公準）を意思決定者が認めている限り正当化される．直観的には問題が無いようにみえるが，たとえば，Allais のパラドックスは，意思決定者は独立性の公準のようには必ずしも行動していないことを示唆している．そして，独立性の公準をゆるめた場合にどのように意思決定をすべきかということが様々に考察されている．この場合の方法は，一般的には，非線形の方法に属する．しかしながら，上述で述べたごとく，このような非線形

の手法については考察しない.

本論文は,リスクのもとでの意思決定に関して,これまでに得られている様々な結果についての一般化を試みるという観点から書かれている.効用関数と危険回避度,分布(リスク)のシフトに関する諸問題,連続時間モデルにおける消費—ポートフォリオ問題の三つの部分から構成されている.そして各部は互いに関連しているいくつかの章から構成されている.

各章においてその章におけるテーマに関して重要であると思われる結果については紹介している.その場合,結果を理解するために必要と思われる概念については簡潔に説明を行っている.また,証明はすべての結果に対して記載していない.著者の結果に直接関係している場合にはできるだけ証明も紹介したつもりであるが,かなり主観的に判断されていることは否定できない.なお,紹介した証明は原論文に準拠している.ただし,導出の過程の理解を容易にするために,必要と思われる箇所については,より詳しい説明を付加している.

本論文における著者の結果の概要は以下のとおりである.第1章(第2節)では,危険回避関数とリスク・プレミアムとの関係を示す Pratt の定理の (e) に焦点をあてる. (e) が,実際には,それを構成している条件のなかの一部分と同値であることを論証する.第2章は [11] に基づいている.最初に,Pratt の定理の (a) を変えれば,屈曲線形効用関数に対しても弱い形での Pratt の定理が成立することを示す.次に,新しい危険回避度を定義し,これを用いて屈曲線形効用関数における議論を一般的な屈曲効用関数に対して拡張する.第4章は [5] に基づいている.危険回避関数 $R(x)$ と $P(x;w)$ に焦点をしぼり,それらのリスク・プレミアムとの関連性にもとづく経済的意義についての Menezes & Hanson の議論を,初期資産(initial wealth)が確率的であり,かつリスクと独立である状況のもとで再考察する.第5章(第2節)では,三つのプロスペクトより構成されるポートフォリオにおいて,その中の一つに特定化するのが最適となることに対する十分条件を与える.第7章(第2節),第8章(第2節),そして第9章(第2節)は [13] に基づいている. Landsberger & Meilijson,および, Eeckhoudt & Gollier の中に現れた確率順序を取り上げる.ここでは,こ

の確率順序を MGPR 順序と呼ぶ．そして，Eeckhoudt & Gollier によって用いられた経済モデルの中で MGPR 順序の比較静学を調べる．すなわち，$u' \geq 0$，$u'' \leq 0$，および，$u''' \geq 0$ を満たす効用関数 u に対して，リスクの MGPR シフトがリスクに対する最適水準の大きさ（optimum exposure）を一様に増加させるための効用関数に関する十分条件を与える．第 8 章（第 2 節）では，二つの危険資産が存在するポートフォリオにおいて，一つの資産の収益分布における TSD シフトがその資産に対する投資の減少を引き起こさないために必要十分である効用関数に対する条件を与える．第 9 章（第 2 節）では，TSD 変換を定義し，その比較静学を考察する．第 11 章は [12] に基づいている．最初に，無限期間問題に対する時間に依存する負の指数型効用関数に関する Ingersoll の結果について補足し，政策の最適性と一意性を確認する．次に，時間に依存する負の指数型効用関数のもとで，Merton において考察されていた無限期間問題に対して，Merton によって導出された時間加法的な場合（時間加法的な負の指数型効用関数）に対応する解を含む明示的な解を導出する．さらに，Hindy-Huang-Kreps の特定化のもとでの無限期間問題に対して，同じ問題を有限期間の枠組みの中で考察し，対応する最適性方程式に対して明示的な解を導出する．

なお，各部の末尾にそれぞれの参考文献を掲載している．

本論文は大阪大学経済学部の田畑吉雄教授（現大阪大学名誉教授）主宰の研究会に出席させていただいている間にまとめあげたものである．貴重な助言をいただいた研究会の方々に感謝の意を表したい．とりわけ，本論文を執筆するにあたりご指導を仰いだ田畑吉雄教授に深く感謝を申し上げたい．

著者論文一覧

[1] 病院再診患者部門におけるブロック予約システムについて行動計量学, 第 6 巻, 第 2 号, 20–27, 1979.
[2] "すべての R は B である" というタイプの仮説の評価について—サーベイ・ワーク—, 大阪大学経済学, 第 28 巻, 第 4 号, 53–61, 1979.
[3] 判別分析における情報量と誤分類の確率との関係について, 大阪大学経済学, 第 29 巻, 第 3・4 号, 40–50, 1980.
[4] 期待効用分析について—Allais のパラドックスその後—, (福場庸・伊藤駒之・田畑吉雄と共著), 大阪大学経済学, 第 32 巻, 第 2・3 号, 20–52, 1982.
[5] 初期資産が確率的である状況のもとでの相対的危険回避と偏相対的危険回避, Discussion Paper No.4, 摂南大学経営情報学部, 1984.
[6] 測定と近似 (I), (福場庸・田畑吉雄と共著), 大阪大学経済学, 第 34 巻, 第 2・3 号, 275–282, 1984.
[7] 正規性の問題についてのノート, (福場庸と共著), 大阪大学経済学, 第 35 巻, 第 1 号, 423–434, 1985.
[8] 測定と近似 (I-2), (福場庸・田畑吉雄と共著), 大阪大学経済学, 第 36 巻, 第 1・2 号, 80–89, 1986.
[9] 位置母数に対する同時推定, 大阪大学経済学, 第 38 巻, 第 3・4 号, 17–30, 1989.
[10] Some Ratios of Two Independently and Identically Distributed Random Variables, Discussion Paper No.16, Faculty of Business Administration and Information, Setsunan University, 1990.
[11] 屈曲効用関数と危険回避度, 行動計量学, 第 20 巻, 第 1 号, 64–70, 1993.
[12] Some Consumption Portfolio Problems with Intertemporally Dependent Utility Functions, *Japan Financial Review*, No.20, 1–21, 1995.
[13] The Comparative Statics of Shifts in Risk, *Journal of Operations Research Society of Japan*, Vol.40, No.4, 522–535, 1997.

目　　次

本書の出版にあたって　　i
はしがき　　iii
著者論文一覧　　vi

第 I 部　効用関数と危険回避度　　1

第 1 章　効用関数とリスク　　2
1.1　Pratt の定理 　　2
1.2　効用関数と凹変換 　　7

第 2 章　屈曲効用関数と危険回避度　　11
2.1　屈曲線形効用関数と定理 1.1 　　12
2.2　屈曲効用関数と危険回避度 　　20

第 3 章　危険回避関数 $A(x), R(x), P(x;w)$ の経済的意義　　25
3.1　初期資産が確定的である場合（Menezes & Hanson の議論）　　25
3.2　初期資産が確率的な場合における危険回避関数とリスク・プレミアムとの関係（Kihlstrom, Romer, & Williams の議論）　　29
3.3　危険回避の測度とインシュランス・プレミアム（Ross の議論）　　32

第 4 章　初期資産が確率的である状況のもとでの相対的危険回避と偏相対的危険回避　　35
4.1　$R(x)$ の経済的意義 　　36
4.2　$P(x;w)$ の経済的意義 　　40

vii

4.3　ふりかえって ……………………………………………………… 48

第5章　特定化問題　49
5.1　特定化についての Hadar & Seo の結果 …………………………… 49
5.2　特定化問題：三つのプロスペクトの場合 ………………………… 54

第 I 部　参考文献　60

第 II 部　リスクのシフトに関する諸問題　63

第6章　確率優越　64
6.1　一次確率優越と二次確率優越 ……………………………………… 64
6.2　三次確率優越 ………………………………………………………… 65

第7章　Eeckhoudt & Gollier の議論を巡って　69
7.1　確率順序 MPR と比較静学 ………………………………………… 69
7.2　リスクにおける MGPR シフトの比較静学 ……………………… 74

第8章　二つの危険資産を含むポートフォリオの収益分布の　　　シフトが最適ポートフォリオに与える影響　82
8.1　FSD シフト，MPC シフト，および SSD シフトと
　　　最適ポートフォリオ（Hadar & Seo の議論）……………………… 83
8.2　二つの危険資産が存在するポートフォリオの収益分布の TSD
　　　シフトが最適ポートフォリオに与える影響 ……………………… 88

第9章　決定的変換　93
9.1　一次および二次の変換と比較静学 ………………………………… 93
9.2　三次変換と比較静学 ………………………………………………… 97

第 II 部　参考文献　103

第 III 部　連続時間消費—ポートフォリオ問題　105

第 10 章　いくつかの基本的消費—ポートフォリオ問題　106
10.1　確率的機会集合を伴う消費—ポートフォリオ問題　106
10.2　Poisson 過程を含む Merton の例　109

第 11 章　時間に依存した効用関数のもとでのいくつかの消費—ポートフォリオ問題　111
11.1　基本的無限期間消費—ポートフォリオ問題　112
11.1.1　Ingersoll の結果の補足　112
11.1.2　c^* と w^* の最適性と一意性　116
11.2　確率的機会集合を伴う消費—ポートフォリオ問題（Merton のモデルの拡張）　119
11.3　Poisson 過程を伴う Merton の例の拡張　121
11.4　Hindy-Huang-Kreps の特定化のもとでの有限期間消費—ポートフォリオ問題　124
11.5　ふりかえって　127

第 III 部　参考文献　130

あとがき　131
索　引　135

第Ⅰ部

効用関数と危険回避度

第 1 章

効用関数とリスク

最初に，リスク・プレミアム，確率プレミアム，危険回避関数の定義を述べる．そして，リスクのもとでの意思決定に対する考察をするにあたって最も基本的であると思われる Pratt [14] の定理について述べる．この定理は，主として危険回避関数とリスク・プレミアムとの関係，それも大局的な関係を示している．それから，効用関数の凹変換について検討を行う．

1.1 Pratt の定理

意思決定者の貨幣額に対する効用関数 $u(x)$ において，$E\{u(x+\tilde{z})\}$ は有限であるとする．このとき，効用関数 $u(x)$ に対するリスク・プレミアム $\pi(x,\tilde{z})$ は

$$u(x + E(\tilde{z}) - \pi(x,\tilde{z})) = E\{u(x+\tilde{z})\} \tag{1.1}$$

によって定義される．ここで x は意思決定者の初期資産（initial wealth）を表し，$\tilde{z}$ はリスクを表している[*1]．また効用関数は厳格に単調増加な連続関数であ

[*1] 後の章では初期資産は w を用いて表されることもある．また期待値を示す "E" のあとの括弧は省略されることもありうる．たとえば，$E(\tilde{z})$, $E\{u(x+\tilde{z})\}$ は，それぞれ $E\tilde{z}$, $Eu(x+\tilde{z})$ と表記されることもある．

るとする．このとき，$u(x+E(\tilde{z})-\pi)$ は，$u(x)$ のすべての可能な値にわたって π の厳格に減少で連続な関数であるので，$\pi(x,\tilde{z})$ は存在し，(1.1) によって一意的に定義される．いま，

$$P(\tilde{z}=h)-P(\tilde{z}=-h)=p(x,h) \tag{1.2}$$

という関係が成立しているリスク $\tilde{z}$ を考える．このとき，$P(\tilde{z}=h)=\frac{1}{2}[1+p(x,h)]$，$P(\tilde{z}=-h)=\frac{1}{2}[1-p(x,h)]$ となり，確率プレミアム $p(x,h)$ は

$$u(x)=E\{u(x+\tilde{z})\}=\frac{1}{2}[1+p(x,h)]u(x+h)+\frac{1}{2}[1-p(x,h)]u(x-h) \tag{1.3}$$

によって定義される．意思決定者は現状と (1.2) を満足しているリスク $\tilde{z}$ との間で無差別である．また，点 x における局所的危険回避 $r(x)$ は $-\frac{u''(x)}{u'(x)}$ によって定義される[*2]．

Pratt [14, p.128] は，最初に，ある x で $r_1(x) > r_2(x)$ であれば，そしてその時に限って十分小さい，期待値がゼロのリスクに対して点 x においてリスク・プレミアムは u_1 の方が u_2 よりも大きくなるという局所的性質を示している．それから，この局所的性質に対応する大局的性質が成立することを示している．次の Pratt の定理 1.1 の (a) と (b) が同値であるということがそれに該当する．ここで，二人の意思決定者の効用関数 u_i ($i=1,2$) は，いたるところで 2 回微分可能であり，厳格に単調増加な連続関数であるとしている．

定理 1.1. $r_i(x)$，$\pi_i(x,\tilde{z})$，および $p_i(x)$ を効用関数 u_i ($i=1,2$) に対応する局所的危険回避，リスク・プレミアム，そして確率プレミアムであるとする[*3]．このとき，以下の条件は（括弧の中に示されている）強い形においてか，あるいは（括弧の中身を省略した）弱い形において同値である．

(a) すべての x に対して，［そして，各区間において少なくとも一つの x に対して，］$r_1(x) \geq [>] r_2(x)$．

[*2] $r(x)$ は第 3 章では $A(x)$ と表されている．
[*3] 第 3.2 節では，u_i に対応する局所的危険回避は $r_{u_i}(x)$ と表されている．

(b) すべての x と $\tilde{z}$ に対して，$\pi_1(x,\tilde{z}) \geq [>]\pi_2(x,\tilde{z})$.

(c) すべての x とすべての $h > 0$ に対して，$p_1(x,h) \geq [>]p_2(x,h)$.

(d) $u_1(u_2^{-1}(t))$ は t の ［厳格な］凹関数である．

(e) $v < w \leq x < y$ であるすべての v, w, x, y に対して，$\frac{u_1(y)-u_1(x)}{u_1(w)-u_1(v)} \leq [<] \frac{u_2(y)-u_2(x)}{u_2(w)-u_2(v)}$.

関心がある区間に対して限定されている場合でも，すなわち，$x, x+\tilde{z}, x+h, x-h, u_2^{-1}(t), v, w$，および y すべてがある特定の区間に存在する場合でも，同一の同値関係が成立する．

証明． 我々は，(a) が (b) と (c) を含意していることをどのようにして見出すかを示す順序で証明を行っていく．

(d) から (b) が導出されることを示すために，(1.1) より，

$$\pi_i(x,\tilde{z}) = x + E(\tilde{z}) - u_i^{-1}(E\{u_i(x+\tilde{z})\}) \tag{1.4}$$

となることに注目する．そうすると，

$$\pi_1(x,\tilde{z}) - \pi_2(x,\tilde{z}) = u_2^{-1}(E\{u_2(x+\tilde{z})\}) - u_1^{-1}(E\{u_1(x+\tilde{z})\})$$
$$= u_2^{-1}(E\{\tilde{t}\}) - u_1^{-1}(E\{u_1(u_2^{-1}(\tilde{t}))\}) \tag{1.5}$$

が成立する．ここで，$\tilde{t} = u_2(x+\tilde{z})$ である．$u_1(u_2^{-1}(t))$ が（厳格に）凹であるとするならば，（Jensen の不等式によって）

$$E\{u_1(u_2^{-1}(\tilde{t}))\} \leq (<) u_1(u_2^{-1}(E\{\tilde{t}\})) \tag{1.6}$$

が成立する．(1.6) を (1.5) に代入することによって，我々は (b) を得る．[u_1 は厳格に単調増加なので，(1.6) より，

$$u_1^{-1}[E\{u_1(u_2^{-1}(\tilde{t}))\}] \leq (<) u_2^{-1}(E\{\tilde{t}\}) \tag{1.7}$$

が成立する．したがって，

$$u_2^{-1}(E\{\tilde{t}\}) - u_1^{-1}[E\{u_1(u_2^{-1}(\tilde{t}))\}] \geq (>)0 \tag{1.8}$$

となる．ゆえに，(1.5) より，

$$\pi_1(x, \tilde{z}) \geq (>) \pi_2(x, \tilde{z}) \tag{1.9}$$

となる．]

(a) が (d) を含意していることを示すために，

$$\frac{d}{dt} u_1(u_2^{-1}(t)) = \frac{u_1'(u_2^{-1}(t))}{u_2'(u_2^{-1}(t))} \tag{1.10}$$

であり，$\log u_1'(x)/u_2'(x)$ が（厳格に）単調減少であれば，（そしてその時に限って）（厳格に）単調減少であることに注意する必要がある．[$y = u_2^{-1}(t)$ とおくと，$u_2(y) = t$ なので $\frac{du_2(y)}{dt} = 1$ となる．左辺は $u_2'(y) \cdot \frac{dy}{dt}$ に等しいので，$\frac{dy}{dt} = \frac{1}{u_2'(y)}$，すなわち，$\frac{du_2^{-1}(t)}{dt} = \frac{1}{u_2'(u_2^{-1}(t))}$ となるので (1.10) が成立する．また，$\frac{d}{dx} \log \frac{u_1'(x)}{u_2'(x)} \leq (<) 0 \Leftrightarrow \frac{d}{dx} \frac{u_1'(x)}{u_2'(x)} \leq (<) 0 \Leftrightarrow \frac{u_1'(u_2^{-1}(t))}{u_2'(u_2^{-1}(t))}$ は $v_2^{-1}(t)$ に関して（厳格に）単調減少 $\Leftrightarrow \frac{u_1'(u_2^{-1}(t))}{u_2'(u_2^{-1}(t))}$ は t に関して（厳格に）単調減少．]

後者，すなわち，$\log u_1'(x)/u_2'(x)$ が（厳格に）単調減少であることは (a) と

$$\frac{d}{dx} \log \frac{u_1'(x)}{u_2'(x)} = r_2(x) - r_1(x) \tag{1.11}$$

から導出される．

(c) が (e) によって含意されていることは (1.3) において u を u_i とし，(1.3) を

$$\frac{1 - p_i(x, h)}{1 + p_i(x, h)} = \frac{u_i(x + h) - u_i(x)}{u_i(x) - u_i(x - h)} \tag{1.12}$$

という形に書くことによって直ちにわかる．

(a) が (e) を含意していることを示すために (a) を w から x まで積分する．その結果，$w < x$ に対して，

$$-\log \frac{u_1'(x)}{u_1'(w)} \geq (>) - \log \frac{u_2'(x)}{u_2'(w)} \tag{1.13}$$

が得られる．これは，$w < x$ に対して，

$$\frac{u_1'(x)}{u_1'(w)} \leq (<) \frac{u_2'(x)}{u_2'(w)} \tag{1.14}$$

であることと同値である．これは，$w \leq x < y$ に対して，

$$\frac{u_1(y) - u_1(x)}{u_1'(w)} \leq (<) \frac{u_2(y) - v_2(x)}{u_2'(w)} \tag{1.15}$$

が成立することを含意している．このことは，y の関数とみなした (1.15) の両辺の差に微分学の平均値の定理を適用することによってわかる．[(1.15) は $\frac{u_1(y)}{u_1'(w)} - \frac{u_2(y)}{u_2'(w)} - \{\frac{u_1(x)}{u_1'(w)} - \frac{u_2(x)}{u_2'(w)}\} \leq (<) 0$ と表される．いま，$U(y) = \frac{u_1(y)}{u_1'(w)} - \frac{u_2(y)}{u_2'(w)}$ とおく．平均値の定理によって $\frac{U(y)-U(x)}{y-x} = U'(\zeta)$, $x < \zeta < y$ を満たす ζ が存在する．この式の右辺は $U'(\zeta) = \frac{u_1'(\zeta)}{u_1'(w)} - \frac{u_2'(\zeta)}{u_2'(w)}$ となるが，$w \leq x < \zeta$ なので (1.14) より非正（負）である．ゆえに，$\frac{U(y)-U(x)}{y-x} \leq (<) 0$ となる．$y > x$ なので $U(y) \leq (<) U(x)$ が成立する．] 条件 (e) は w の関数とみなした (e) の両辺の逆数の差に平均値の定理を適用することによって (1.15) より導出される．

さて，我々は (a) は (d) を含意し (d) は (b) を含意し，そして (a) は (e) を含意し (e) は (c) を含意していることを証明した．(a) と (e) の同値性は，(b) は (a) を含意し，そして (c) は (a) を含意していること，すなわち，(a) が成立しないということが (b) および (c) が成立しないということを含意していることを証明できれば，成立することがいえる．しかし，これはすでに証明されたことより導出される．なぜならば，(a) の弱い形（強い）形が成立しないならば，(a) の強い（弱い）形が u_1 と u_2 を交換すればある区間の上で成立する．そうすると，(b) と (c) の弱い形（強い）形がやはり u_1 と u_2 を交換すればこの区間の上で成立するので，(b) と (c) の弱い形（強い）形は成立しない．これで証明は完了した． (証了)

Pratt は (e) は (1.14), (1.15), そして，

$$\frac{u_1(w) - u_1(v)}{u_1'(x)} \geq (>) \frac{u_2(w) - u_2(v)}{u_2'(x)} \tag{1.16}$$

が成立することと同値であると述べている．[(a) ⇒ (1.14) ⇒ (1.15) ⇒ (e) ⇒ (a) なので (e) は (1.14) と同値であり，また，(1.15) とも同値である．他方，平均値の定理を用いて (1.14) から (1.15) を導出したごとく，平均値の定理を用いて (1.14) ⇒ (1.16) ⇒ (e) が成立することが導かれる．したがって，(e) は (1.16) と同値である．]

なお，この定理の主たる部分と考えられる (a) ⇒ (b) について（ただし強い形の場合について）の別の（簡単な）証明が Keeney & Raiffa [8] に見出される．

効用関数がいたるところで微分可能であるという仮定は，かなり強い仮定である．第 2 章においては，この仮定を緩めた場合とにおいて定理 1.1 と同様のことが成立するかどうかということを検討する．

1.2 効用関数と凹変換

$u_1(x), u_2(x)$ を $[0, M]$ 上で定義された厳格に単調増加で連続な効用関数とする．$u_1(x), u_2(x)$ は，凹であっても凸であってもかまわないとする．いたるところで微分可能であるという仮定はこの節では設けられていない．さて，$0 \leq x_1 < x_2 < x_3 < x_4 \leq M$ であるような四点 $x_i, i = 1, 2, 3, 4$ をとるとき，これら四点の中の任意の三点を $x_{i_1}, x_{i_2}, x_{i_3}$ $(x_{i_1} < x_{i_2} < x_{i_3})$ とする．このとき，次の命題が成立する[*4]．

命題 1.1. 上記の任意の三点 $x_{i_1}, x_{i_2}, x_{i_3}$ $(x_{i_1} < x_{i_2} < x_{i_3})$ に対して，

$$\frac{u_1(x_{i_2}) - u_1(x_{i_1})}{u_1(x_{i_3}) - u_1(x_{i_1})} > \frac{u_2(x_{i_2}) - u_2(x_{i_1})}{u_2(x_{i_3}) - u_2(x_{i_1})} \tag{1.17}$$

が成立するならば，

$$\frac{u_1(x_4) - u_1(x_3)}{u_1(x_2) - u_1(x_1)} < \frac{u_2(x_4) - u_2(x_3)}{u_2(x_2) - u_2(x_1)} \tag{1.18}$$

[*4] 福場・田畑・坂上 [4] における系 2 に該当する．

となる．しかし，逆は真ではない．

証明． (1.17) から，

$$\frac{u_1(x_2) - u_1(x_1)}{u_1(x_4) - u_1(x_1)} > \frac{u_2(x_2) - u_2(x_1)}{u_2(x_4) - u_2(x_1)} \tag{1.19}$$

$$\frac{u_1(x_3) - u_1(x_1)}{u_1(x_4) - u_1(x_1)} > \frac{u_2(x_3) - u_2(x_1)}{u_2(x_4) - u_2(x_1)} \tag{1.20}$$

である．(1.20) の両辺から (+1) を引くと，

$$\frac{u_1(x_4) - u_1(x_3)}{u_1(x_4) - u_1(x_1)} < \frac{u_2(x_4) - u_2(x_3)}{u_2(x_4) - u_2(x_1)} \tag{1.21}$$

となる．(1.21) を (1.19) で辺々割ると (1.18) が得られる．他方，(1.18) が (1.17) を含意していないことを示すために，次のような効用関数 u_1, u_2 を用いて反例を示す．すなわち，$u_1(x) = \frac{1.79x^{0.1}}{1+0.79x^{0.1}}$, $u_2(x) = \frac{2.7x^{0.15}}{1+1.7x^{0.15}}$ とする．四点 x_1, x_2, x_3, x_4 として $0, 0.0005, x^*, 1$ をとる．ここで，x^* は u_1, u_2 の交点でほぼ 0.8 である．$u_1(0.0005) = 0.611, u_2(0.0005) = 0.559$ であるから，明らかに (1.18) が成立する．しかし，(1.17) の三点として上記の x_1, x_3, x_4 をとると (1.17) は成立しない． (証了)

さて，(1.17) が $[0, M]$ に属する任意の三点 $x_{i_1}, x_{i_2}, x_{i_3}$ ($x_{i_1} < x_{i_2} < x_{i_3}$) に対して成立することと，(1.18) が $[0, M]$ に属する任意の $x_{i_1}, x_{i_2}, x_{i_3}, x_{i_4}$ ($x_{i_1} < x_{i_2} \leq x_{i_3} < x_{i_4}$) に対して成立することとが同値であることが命題 1.1 より直ちに導出される．

系 1.1. 次の三つの条件は同値である．

(a) $0 \leq x_1 < x_2 \leq x_3 < x_4 \leq M$ を満たす任意の実数 x_1, x_2, x_3, x_4 に対して，
$$\frac{u_1(x_4) - u_1(x_3)}{u_1(x_2) - u_1(x_1)} < \frac{u_2(x_4) - u_2(x_3)}{u_2(x_2) - u_2(x_1)}.$$

(b) $0 \leq x_1 < x_2 < x_4 \leq M$ を満たす任意の実数 x_1, x_2, x_4 に対して，

$$\frac{u_1(x_4) - u_1(x_2)}{u_1(x_2) - u_1(x_1)} < \frac{u_2(x_4) - u_2(x_2)}{u_2(x_2) - u_2(x_1)}.$$

(c) $0 \leq x_1 < x_2 < x_4 \leq M$ を満たす任意の実数 x_1, x_2, x_4 に対して,

$$\frac{u_2(x_2) - u_2(x_1)}{u_2(x_4) - u_2(x_1)} < \frac{u_1(x_2) - u_1(x_1)}{u_1(x_4) - u_1(x_1)}.$$

証明. 最初に (b) と (c) とが同値であることを証明する. (c) が成立するとする. (c) の両辺は正なので両辺の逆数をとると,

$$\frac{u_1(x_4) - u_1(x_1)}{u_1(x_2) - u_1(x_1)} < \frac{u_2(x_4) - u_2(x_1)}{u_2(x_2) - u_2(x_1)} \tag{1.22}$$

となる. ゆえに,

$$\frac{u_1(x_4) - u_1(x_2) + u_1(x_2) - u_1(x_1)}{u_1(x_2) - u_1(x_1)} < \frac{u_2(x_4) - u_2(x_2) + u_2(x_2) - u_2(x_1)}{u_2(x_2) - u_2(x_1)} \tag{1.23}$$

が成立する. ゆえに,

$$\frac{u_1(x_4) - u_1(x_2)}{u_1(x_2) - u_1(x_1)} < \frac{u_2(x_4) - u_2(x_2)}{u_2(x_2) - u_2(x_1)} \tag{1.24}$$

が成立する.

次に (b) が成立するとする. (c) ⇒ (b) の証明の逆をたどっていけば,

$$\frac{u_1(x_2) - u_1(x_1)}{u_1(x_4) - u_1(x_1)} > \frac{u_2(x_2) - u_2(x_1)}{u_2(x_4) - u_2(x_1)} \tag{1.25}$$

が成立する.

次に (a) と (b) が同値なことを証明する. (a) ⇒ (b) は (a) において $x_2 = x_3$ とした関係式より明らかである. そこで (b) ⇒ (a) を証明する. (b) が成立するとする. (b) が成立すれば, (c) が成立する. いま, x_1, x_2, x_3', x_4 を $0 \leq x_1 < x_2 < x_3' < x_4 \leq M$ を満たす任意の実数の値とする. このとき, これら四点の中の任意の三点 $x_{i_1}, x_{i_2}, x_{i_3}$ ($x_{i_1} < x_{i_2} < x_{i_3}$) について, (c) より (1.17) が成立する. ゆえに, 命題 1.1 より,

$$\frac{u_1(x_4) - u_1(x_3')}{u_1(x_2) - u_1(x_1)} < \frac{u_2(x_4) - u_2(x_3')}{u_2(x_2) - u_2(x_1)} \tag{1.26}$$

が成立する．他方，(a) は $0 \leq x_1 < x_2 < x_3' < x_4 \leq M$ を満たす任意の実数 x_1, x_2, x_3', x_4 に対して，(1.26) が成立しかつ (b) が成立することと同値である．ゆえに，(b) $\Rightarrow$ (a) が成立する．したがって，(a) と (b) とは同値である．

(証了)

系 1.1 の証明の本質的な部分は命題 1.1 およびその証明の中に含まれているとみなせる．(b) と (c) とが同値であるということは，$[0, M]$ に属する任意の異なる三点について (1.17) が成立するということが，定理 1.1 の (e) の $w = x$ が成立する場合と同値であることを示している．また，(a) と (b) とが同値であるということは，定理 1.1 の (e) において $w = x$ が成立する場合が，(e) と同値であるということを表している．なお，最初に述べたように，効用関数の微分可能性は成立していても，していなくてもどちらでもよいという点に注意すべきである[*5]．

[*5] 命題 1.1, 系 1.1 において，不等号を ">" から "$\geq$" に変えてもこれらの命題，系は成立する．ゆえに，強い形での (e)，弱い形での (e) のいずれにおいてもこの同値関係は成立する．

第 2 章

屈曲効用関数と危険回避度

　リスク理論においては，一般に，効用関数はいたるところで微分可能であると仮定されている．いくつかの例外としては，Tilley & Eilon [19], Hadar [5, 7], および Fishburn & Kochenberger [3] などがあげられる．Fishburn & Kochenberger は，効用を測定するのに二つの線形部分から構成される屈曲線形効用関数などを用いた．他方，Tilley & Eilon は，ポートフォリオ分析において，効用関数が二つの線形部分から構成される屈曲線形効用関数である場合に，効率的集合の大きさの縮小が可能であることを示した．また，Hadar [5, 7] は，間接的選好の場合を含めて，二次確率優越のための必要十分条件を，二つの線形部分から構成される屈曲線形効用関数を用いて求めた．

　屈曲効用関数のなかで最も単純なものが屈曲線形効用関数である．効用を測定する場合には近似が必要となるが，いくつかの箇所で効用を測定しその間の効用を線分で近似することによって得られた効用関数は，屈曲線形効用関数とみなせる．また，初期資産に対する増加分または減少分に対して効用関数が考えられている場合，目標より大きい値に対する効用（above-target utility）と目標より小さい値に対する効用（below-target utility）とが多くの場合，各々凹と凸の形になることが示されている（たとえば，Fishburn & Kochenberger を参照）．この場合，目標点においては必ずしも微分可能にはならない．屈曲効

用関数の場合，屈曲している位置においては従来の（絶対的）危険回避度は定義できない．そして従来の（絶対的）危険回避度によって，屈曲効用関数の危険回避度を表すことはできない．このことは，たとえば，屈曲線形効用関数について考えれば明らかであろう．

各節の構成は以下のようである．第 1 節においては第 1 章の定理 1.1 の (a) を変えれば，屈曲線形効用関数に対しても，弱い形での定理 1.1 が成立することが示される．第 2 節においては新しい危険回避度が定義され，これを用いて第 1 節における議論が一般的な屈曲効用関数に対して拡張される．

2.1 屈曲線形効用関数と定理 1.1

我々は R 上の狭義の単調増加な区分的線形関数で表される効用関数を屈曲線形効用関数と定義する．いま，u_1 と u_2 を各々，次のような二つの効用関数とする．$p = 1, 2$ に対して，

$$
\begin{aligned}
u_p(x) &= x, \quad x \leq x_1, \\
&= f_2 x + (1 - f_2) x_1, \quad x_1 \leq x \leq x_2, \\
&\quad \vdots \\
&= f_i x + (1 - f_2) x_1 + \sum_{r=2}^{i-1} (f_r - f_{r+1}) x_r \\
&(= g_{f_i}(x)), \quad x_{i-1} \leq x \leq x_i, \\
&\quad \vdots \\
&= f_n x + (1 - f_2) x_1 + \sum_{r=2}^{n-1} (f_r - f_{r+1}) x_r, \quad x_{n-1} \leq x \quad (2.1)
\end{aligned}
$$

$p = 1$ のとき $f_i = a_i$，$p = 2$ のとき $f_i = b_i$ とする．$f_i > 0$ $(i = 2, \ldots, n)$ であ

る．ここで，u_1, u_2 において屈曲点の数が一致する必要はない[*1]．ただし，少なくとも，u_1, u_2 のいずれかが屈曲線形効用関数であるとする．リスクとしては任意の確率分布 F を考える．この確率分布を有する確率変数を $\tilde{z}$ とする．また，$\tilde{z}^* = x + \tilde{z}$ の確率分布を F^* とする．ここでの x は意思決定者の初期資産を表している．さらに初期資産 x を有する意思決定者の効用関数 $u_i(x)$ のもとでの $\tilde{z}$ の現金同値額，確率プレミアムを各々 $CE_i(x, F)$, $p_i(x, h)$ $(i = 1, 2)$ で表す．なお，$u_i(x)$ のもとでの $\tilde{z}$ の現金同値額は，

$$u_i(x + CE_i(x, F)) = E\{u_i(x + \tilde{z})\} \tag{2.2}$$

によってあたえられる．また，$\tilde{z} = \pm h$ $(h > 0)$ とするとき，$u_i(x)$ のもとでの $\tilde{z}$ の確率プレミアム $p_i(x, h)$ は，第 1 章で定義されたごとく，

$$\begin{aligned} u_i(x) &= E\{u_i(x + \tilde{z})\} \\ &= \frac{1}{2}[1 + p_i(x, h)]u_i(x + h) + \frac{1}{2}[1 - p_i(x, h)]u_i(x - h) \end{aligned} \tag{2.3}$$

によってあたえられる．なお，定理の証明のなかで，誤解がないと思われる場合には，$CE_i(x, F)$ は CE_i と簡略化されて表されることがある．このとき，次の定理が成立する．

定理 2.1. 次の条件は同値である．

(a) $b_2 \geq a_2, a_i b_{i+1} \geq b_i a_{i+1}$ $(i = 2, \ldots, n - 1)$

(b) $CE_2(x, F) \geq CE_1(x, F)$, すべての x, F に対して．

(c) $p_1(x, h) \geq p_2(x, h)$, すべての x とすべての正の h に対して．

(d) $u_1(u_2^{-1}(t))$ は，t の広義凹関数である．

(e) $\dfrac{u_1(t_4) - u_1(t_3)}{u_1(t_2) - u_1(t_1)} \leq \dfrac{u_2(t_4) - u_2(t_3)}{u_2(t_2) - u_2(t_1)}$, $t_1 < t_2 \leq t_3 < t_4$ を満たすすべての t_1, t_2, t_3, t_4 に対して．

[*1] したがって，$f_2 \neq 1, f_i \neq f_{i-1}$ $(i = 3, \ldots, n)$ がすべて成立している必要はない．

証明. 最初に (a) ⇔ (b) が成立することを証明する．(a) が成立しているとする．$E\{u_1(\tilde{z}^*)\}$, $E\{u_2(\tilde{z}^*)\}$ が，以下において考察されている (1), (2) の場合の不等式の関係を満たしていないときには，明らかに $CE_2 \geq CE_1$ が成り立つ．以下において，(1) の場合には $CE_1 > CE_2$ となるが，この場合は起こり得ないことが示され，(2) の場合には，$CE_2 \geq CE_1$ が成立することが示される．

(1) ある j $(j = 1, \ldots, n-1)$ に対して，

$$E\{u_1(\tilde{z}^*)\} \geq u_1(x_j), \tag{2.4}$$

$$E\{u_2(\tilde{z}^*)\} \leq u_2(x_j) \tag{2.5}$$

のとき（ただし，等号は同時に成立しないとする．）(2.4) の両辺に b_{j+1} を乗じ，(2.5) の両辺に a_{j+1} を乗じ，前者から後者を減じて整理すると，

$$\begin{aligned}
&(b_{j+1} - a_{j+1})\left\{\int_{-\infty}^{x_1} x dF^*(x) + \int_{x_1}^{\infty} x_1 dF^*(x) - x_1\right\} \\
&+ \sum_{r=2}^{j}(a_r b_{j+1} - b_r a_{j+1})\left\{\int_{x_{r-1}}^{x_r} x dF^*(x)\right. \\
&\left. - \int_{x_{r-1}}^{\infty} x_{r-1} dF^*(x) + x_{r-1} + \int_{x_r}^{\infty} x_r dF^*(x) - x_r\right\} \\
&+ \sum_{r=j+1}^{n-1}(a_r b_{j+1} - b_r a_{j+1})\left\{\int_{x_{r-1}}^{x_r} x dF^*(x)\right. \\
&\left. - \int_{x_{r-1}}^{\infty} x_{r-1} dF^*(x) + \int_{x_r}^{\infty} x_r dF^*(x)\right\} \\
&+ (a_n b_{j+1} - b_n a_{j+1}) T_F^*(x_{n-1}) > 0
\end{aligned} \tag{2.6}$$

となる．ただし，

$$T_F^*(s) = \int_s^{\infty} x dF^*(x) - \int_s^{\infty} s dF^*(x) \tag{2.7}$$

である（$T_F^*(s)$ については DeGroot [2, p.246] を参照）．$b_2 \geq a_2$, $a_i b_{i+1} \geq b_i a_{i+1}$ $(i = 2, \ldots n-1)$ のもとでは各項は非正なので (2.6) の左辺は非正とな

る．したがって，(1) の場合は起こり得ない．

(2) ある j $(j = 1, \ldots, n)$ に対して，

$$u_1(x_{j-1}) < E\{u_1(\tilde{z}^*)\} \leq u_1(x_j)$$
$$u_2(x_{j-1}) < E\{u_2(\tilde{z}^*)\} \leq u_2(x_j) \tag{2.8}$$

のとき（x_0 は，x_1 より小さい任意の数であり，x_n は，x_{n-1} より大きい任意の数である．）CE_1 と CE_2 を求め，(1) の場合と同様に $b_2 \geq a_2$, $a_i b_{i+1} \geq b_i a_{i+1}$ $(i = 2, \ldots, n-1)$ となることを用いると，$CE_1 \leq CE_2$ が成立する．($CE_1 - CE_2$ は，(2.6) の左辺において a_{j+1} を a_j, b_{j+1} を b_j とした式を $a_j b_j$ で割った式で表される．ここで，$a_1 = 1, b_1 = 1$ である．）したがって，(a) $\Rightarrow$ (b) が成立する．

次に (b) が成立しているとする．いま，$F^*(x_2) = 1$ かつ $E\{u_i(\tilde{z}^*)\} \leq u_i(x_1)$ $(i = 1, 2)$ なる F^* を考える[*2]．このとき，

$$CE_1 - CE_2 = (a_2 - b_2)T_F^*(x_1) \tag{2.9}$$

であるので，$a_2 \leq b_2$ が成立する．同様にして，

$$a_i b_{i+1} \geq b_i a_{i+1} \quad (i = 2, \ldots, n-1) \tag{2.10}$$

が成立する．したがって，(b) $\Rightarrow$ (a)．ゆえに，(a) $\Leftrightarrow$ (a)．

今度は (a) $\Leftrightarrow$ (d) を証明する．

$$u_2^{-1}(t)$$
$$= t, \quad t \leq x_1$$
$$= \left[t - \left\{ (1-b_2)x_1 + \sum_{r=2}^{i-1}(b_r - b_{r+1})x_r \right\} \right] / b_i,$$

[*2] F^* は，$x < x_1$ および $x_1 < x \leq x_2$ なる範囲において，正の確率を有しているとする．この条件を満たす F^* が存在することは明らかである．

$$g_{b_i}(x_{i-1}) \leq t \leq g_{b_i}(x_i) \quad (i = 2, \ldots, n-1)$$
$$= \left[t - \left\{ (1-b_2)x_1 + \sum_{r=2}^{n-1} (b_r - b_{r+1})x_r \right\} \right] / b_n, \quad g_{b_i}(x_{n-1}) \leq t$$

なので, $u_1(u_2^{-1}(t))$ の傾きは,

$$1, \quad t \leq x_1$$
$$\frac{a_i}{b_i}, \quad g_{b_i}(x_{i-1}) \leq t \leq g_{b_i}(x_i) \quad (i = 2, \ldots, n-1)$$
$$\frac{a_n}{b_n}, \quad g_{b_i}(x_{n-1}) \leq t$$

である. ゆえに, $u_1(u_2^{-1}(t))$ が, t の広義凹関数であることと, $b_2 \geq a_2$, $\frac{a_i}{b_i} \geq \frac{a_{i+1}}{b_{i+1}}$ $(i = 2, \ldots, n-1)$ が成立することとは同値である.

次に (a) ⇔ (e) を証明する. まず $n = 2$ の場合について証明する.

(a) ⇒ (e) は, "(e) の左辺 − (e) の右辺" を $t_1 < t_2 \leq t_3 < t_4 \leq x_1$, $t_1 < t_2 \leq t_3 \leq x_1$ かつ $x_1 < t_4$, $t_1 < t_2 \leq x_1$ かつ $x_1 \leq t_3 < t_4$, $t_1 \leq x_1$ かつ $x_1 < t_2 \leq t_3 < t_4$, $x_1 < t_1 < t_2 \leq t_3 < t_4$ の各々の場合について直接計算することによって確かめられる. (e) ⇒ (a) は, $b_2 < a_2$ とすると, $t_1 < t_2 \leq t_3 \leq x_1$ かつ $x_1 < t_4$ の場合に矛盾が生じるので, 成立する.

以下においては, $n \neq 2$ の場合について証明する. 最初に (a) ⇒ (e) を証明する. いま, $n = k-1$ $(k \geq 3)$ の場合について (a) ⇒ (e) が成立するとする. $n = k$ とする. 隣接する $k-1$ 個の線分より構成される効用関数の定義域に t_1, t_2, t_3, t_4 が存在するときには, (a) ⇒ (e) が成立するので, $t_1 < x_1$, $x_{k-1} < t_4$ のときに (a) ⇔ (c) が成立することを言えばよい.

$$x_{i-1} \leq t_2 < x_i, \quad x_{j-1} \leq t_3 < x_j \quad (i, j = 1, \ldots, k;\ i \leq j) \tag{2.11}$$

を満たす t_2, t_3 に対して (ここで, $x_0 = -\infty$, $x_k = \infty$ とする),

$$\{u_1(t_4) - u_1(t_3)\}\{u_2(t_2) - u_2(t_1)\} - \{v_2(t_4) - u_2(t_3)\}\{u_1(t_2) - u_1(t_1)\}$$

$$= \Bigl[(a_k b_i - b_k a_i)(t_4 - x_{k-1}) - (a_j b_i - b_j a_i)(t_3 - x_j)$$

$$- \sum_{s=j+1}^{k-1} (a_s b_i - b_s \alpha_i)(x_{s-1} - x_s) \Bigr](t_2 - x_{i-1})$$

$$- \Bigl[(a_k - b_k)(t_4 - x_{k-1}) - (a_j - b_j)(t_3 - x_j)$$

$$- \sum_{s=j+1}^{k-1} (a_s - b_s)(x_{s-1} - x_s) \Bigr](t_1 - x_1)$$

$$- \sum_{r=2}^{i-1} \Bigl[(a_k b_r - b_k a_r)(t_4 - x_{k-1}) - (a_j b_r - b_j a_r)(t_3 - x_j)$$

$$- \sum_{s=j+1}^{k-1} (a_s b_r - b_s a_r)(x_{s-1} - x_s) \Bigr](x_{r-1} - x_r) \qquad (2.12)$$

となる．ただし，(2.11) において $i=1$ のとき上記の式の大括弧の外の x_0, x_1 は 0 とし，(2.11) において $j=k$ のとき上記の式の大括弧の中の x_{k-1}, x_k は 0 とする．また，$a_1 = 1$, $b_1 = 1$ とする．各項は非正なので上式は非正となる．したがって，(a) $\Rightarrow$ (e) が成立する．他方，上記で示されたごとく $n=2$ の場合に (e) $\Rightarrow$ (a) が成立するので，任意の n の場合にも (d) $\Rightarrow$ (a) が成立する．ゆえに，(a) $\Leftrightarrow$ (d) が成立する．(e) $\Rightarrow$ (c) は定理 1.1 (Pratt [14]) の証明の中の (e) $\Rightarrow$ (c) に関する部分より明らかである．(c) $\Rightarrow$ (e) を証明するには，$n=2$ の場合について (c) $\Rightarrow$ (a) を証明しておけばよい

$$\frac{\{1 - p_1(x_1, h)\}}{\{1 + p_1(x_1, h)\}} = a_2$$
$$\frac{\{1 - p_2(x_1, h)\}}{\{1 + p_2(x_1, h)\}} = b_2 \qquad (2.13)$$

なので，$b_2 < a_2$ とすると $p_1(x_1, h) < p_2(x_1, h)$ となる．ゆえに，$b_2 \geq a_2$.

(証了)

$n=2$ の場合には，$\tilde{z}^*$ が，$x < x_1$, $x_1 < x$ において正なる確率を有する確率

分布に従う場合には，$b_2 > a_2$ ならば $CE_1(x,F) < CE_2(x,F)$ が成立する．
さらに次の定理が成立する．

定理 2.2. 次の条件は同値である．

(a) $CE_2(x,F) \geq CE_1(x,F)$, すべての x, F に対して．

(b) $p_1(x,h) \geq p_2(x,h)$, すべての x とすべての正の h に対して．

(c) $\frac{u_1(t_4)-u_1(t_3)}{u_1(t_2)-u_1(t_1)} \leq \frac{u_2(t_4)-u_2(t_3)}{u_2(t_2)-u_2(t_1)}$, $t_1 < t_2 \leq t_3 < t_4$ を満たすすべての t_1, t_2, t_3, t_4 に対して．

(d) 1 から $n-1$ までのすべての i について，$[x_{i-1}, x_{i+1}]$ において $x_i^* + \tilde{z}_i$ の確率分布が x_i の両側で正の確率を有するようなある適当な $x_i^*, \tilde{z}_i$ に対して，
$$CE_2(x_i^*, F_i) \geq CE_1(x_i^*, F_i) \tag{2.14}$$
が成立する．ここで，$\tilde{z}_i$ は確率分布 F_i に従う確率変数である．

(e) 1 から $n-1$ までのすべての i について，$x_{i-1} \leq x_i^{**} - h_i < x_i$, $x_i < x_i^{**} + h_i \leq x_{i+1}$ を満たすある適当な x_i^{**}, h_i (> 0) に対して，
$$p_1(x_i^{**}, h_i) \geq p_2(x_i^{**}, h_i) \tag{2.15}$$
が成立する．

(f) 1 から $n-1$ までのすべての i について，$[x_{i-1}, x_{i+1}]$ において $t_{i1} < t_{i2} \leq x_i < t_{i4}$ または $t_{i1} < x_i \leq t_{i2} < t_{i4}$ を満たすある適当な t_{i1}, t_{i2}, t_{i4} に対して，$\frac{u_1(t_{i4})-u_1(t_{i2})}{u_1(t_{i2})-u_1(t_{i1})} \leq \frac{u_2(t_{i4})-u_2(t_{i2})}{u_2(t_{i2})-u_2(t_{i1})}$ が成立する．ここで，$x_0 = -\infty$, $x_n = +\infty$ とする．

証明． (a) $\Leftrightarrow$ (d), (b) $\Leftrightarrow$ (e) の場合も同様であるので (c) $\Leftrightarrow$ (f) を証明しておく．(c) $\Rightarrow$ (f) は明らかである．以下においては (f) $\Rightarrow$ (c) を証明する．

$n=2$ の場合の屈曲線形効用関数に関して，$t_{11} < t_{12} \leq x_1 < t_{14}$, および $t_{11} < x_1 \leq t_{12} < t_{14}$ の場合，

$$b_2 \geq (<) a_2$$
$$\Rightarrow$$
$$\frac{u_1(t_{14}) - u_1(t_{12})}{u_1(t_{12}) - u_1(t_{11})} \leq (>) \frac{u_2(t_{14}) - v_2(t_{12})}{u_2(t_{12}) - u_2(t_{11})} \tag{2.16}$$

(等号,不等号同順) が成立することが直接計算することによって確かめられるので,

$t_{11} < t_{12} \leq x_1 < t_{14}$, または $t_{11} < x_1 \leq t_{12} < t_{14}$ を満たすある適当な t_{11}, t_{12}, t_{14} に対して,

$$b_2 \geq (<) a_2$$
$$\Leftrightarrow$$
$$\frac{u_1(t_{14}) - u_1(t_{12})}{u_1(t_{12}) - u_1(t_{11})} \leq (>) \frac{u_2(t_{14}) - u_2(t_{12})}{u_2(t_{12}) - v_2(t_{11})} \tag{2.17}$$

(等号,不等号同順) が成立する.ゆえに,定理 2.1 より (f) $\Rightarrow$ (c) が成立する.

(証了)

いま,危険回避関数が有限閉区間 $[0, M]$ でいたるところで定義されている効用関数 $u_A(x), u_B(x)$ において $u_A(x)$ が $u_B(x)$ より第 1 章の定理 1.1(a) の広義の意味で (弱い形で) より危険回避的であるとする.いま,これらの効用関数を各々屈曲線形効用関数 $u_1(x), u_2(x)$ で近似するとする.ここで,点 $0, x_1, x_2, \ldots, x_{n-1}, M$ で u_A と u_1, u_B と u_2 が各々等しいとする.このとき,上記の二つの定理より次の系が成立する.

系 2.1. $[0, M]$ において $u_1(x)$ は $u_2(x)$ よりも定理 2.1 の (a) の意味で危険回避的である.

証明. 上記の状況のもとでは,t_{i1}, t_{i2}, t_{i4} が各々 x_{i-1}, x_i, x_{i+1} $(i = 1, \ldots, n-1)$ のいずれかの値をとるときには,第 1 章の定理 1.1 より,

$$\frac{u_1(t_{i4}) - u_1(t_{i2})}{u_1(t_{i2}) - u_1(t_{i1})} \leq \frac{u_2(t_{i4}) - u_2(t_{i2})}{u_2(t_{i2}) - u_2(t_{i1})} \tag{2.18}$$

が成立する.ここで,$x_0 = 0, x_n = M$ とする.ゆえに,上記の二つの定理よ

り $a_i b_{i+1} \geq b_i a_{i+1}$ ($i = 1, \ldots, n-1$) が成立する（ただし，$a_1 = 1, b_1 = 1$ とする）． (証了)

2.2 屈曲効用関数と危険回避度

　これまで屈曲線形効用関数について考えてきたが，この節では危険回避関数 $r(x)$ が必ずしも 0 ではない，有限閉区間 $[0, M]$ で定義されている屈曲効用関数について考えてみる[*3]．$[0, M]$ で定義されている屈曲効用関数とは，狭義の単調増加であり，かつ $[0, M]$ において連続であるが，微分不可能な点が $(0, M)$ において有限個存在していて，この微分不可能な点においては，右および左微分可能であるような効用関数である．屈曲効用関数に対しては，屈曲点の横軸上の位置を表す点 x においては従来の $r(x)$ は定義できない．我々は，屈曲効用関数に対しても適用可能となるように $r(x)$ を修正し，$S(x)$ という新たな危険回避度を

- もしも x で微分可能ならば，$S(x) = r(x)$,
- もしも x で微分不可能ならば，$S(x) = \frac{u^-(x)}{u^+(x)}$

のように定義する．ここで，u^+, u^- は効用関数 u の右微分および左微分を表す．以下において，屈曲点の横軸上の位置が一致している場合 $S(x)$ が $r(x)$ の役割を果たすことを示す．

　簡単のため，$n = 2$, すなわち，屈曲点の数が 1 つの屈曲効用関数に考察の対象を限定する．2 以外の n に対して一般化するのは，容易である．いま，u_1, u_2 は，$x_1 \in (0, M)$ で屈曲している屈曲効用関数であるとする．具体的には，

$$u_1(x) = u_{11}(x), \quad 0 \leq x \leq x_1,$$
$$= u_{12}(x), \quad x_1 \leq x \leq M$$

[*3] $u(x)$ が，点 x で 2 回微分可能とする．このとき，点 x において，$r(x)$ は $r(x) = -\frac{u''(x)}{u'(x)}$ で定義される．第 1.1 節を参照．

$$u_2(x) = u_{21}(x), \quad 0 \leq x \leq x_1,$$
$$= u_{22}(x), \quad x_1 \leq x \leq M \tag{2.19}$$

と表せるとする．ここで，$u_{11}, u_{12}, u_{21}, u_{22}$ は各々の定義域で 2 回連続微分可能とする．また，$u_i(x)$ の危険回避度を $S_i(x)$ $(i=1,2)$ とする．このとき，次の定理が成立する．

定理 2.3. 次の条件は同値である．

(a) $S_1(x) \geq S_2(x), 0 \leq x \leq M$.

(b) $CE_2(x, F) \geq CE_1(x, F)$, すべての x, F に対して．

(c) $p_1(x, h) \geq p_2(x, h)$, すべての x とすべての正の h に対して．

(d) $u_1(u_2^{-1}(t))$ は，t の凹関数である．

(e) $\frac{u_1(t_4) - u_1(t_3)}{u_1(t_2) - u_1(t_1)} \leq \frac{u_2(t_4) - u_2(t_3)}{u_2(t_2) - u_2(t_1)}$, $t_1 < t_2 \leq t_3 < t_4$ を満たすすべての t_1, t_2, t_3, t_4 に対して．

ただし，$x, x + \tilde{z}, x + h, x - h, t_1, t_2, t_3, t_4$ は $[0, M]$ に存在する．

証明. $S_i(x)$ $(i = 1, 2)$ の定義より，(a) は次の (1), (2), (3) と同値である．

(1) $r_{u_{11}}(x) \geq r_{u_{21}}(x), 0 \leq x < x_1$ のとき，

(2) $r_{u_{12}}(x) \geq r_{u_{22}}(x), x_1 < x \leq M$ のとき，

(3) $\frac{u'_{11}(x_1)}{u'_{21}(x_1)} \geq \frac{u'_{12}(x_1)}{u'_{22}(x_1)}$, $x = x_1$ のとき

ここで，$u'_{11}(x_1), u'_{21}(x_1)$ は，各々 $x = x_1$ における $u_{11}(x), u_{21}(x)$ の左微分であり，$u'_{12}(x_1), u'_{22}(x_1)$ は，各々 $x = x_1$ における $u_{11}(x), u_{21}(x)$ の右微分である．$r_{u_{ij}}(x)$ $(i, j = 1, 2)$ は u_{ij} の危険回避関数である[*4]．

最初に，(a) $\Leftrightarrow$ (b) を証明する．(a) $\Leftrightarrow$ (d), (a) $\Leftrightarrow$ (e), (c) $\Rightarrow$ (a) は同様である．((e) $\Rightarrow$ (c) は定理 2.1 の場合における証明と同じである．)

まず (b) $\Rightarrow$ (a) を証明する．$u_2(x) = m \cdot u_1(x) + n$ を満たすような m (> 0), n が存在すれば，明らかに (1), (2), (3) は成立する（すべて等号が成立する）．

以下においては上記のような m, n が存在しないとする．第 1 章の定理 1.1 より，明らかに (1), (2) は成立する．いま，(3) が成立しないとする．すなわち，

$$\frac{u'_{11}(x_1)}{u'_{21}(x_1)} < \frac{u'_{12}(x_1)}{u'_{22}(x_1)} \tag{2.20}$$

であるとする．さて，u_1, u_2 がそれぞれ

$$u_1^*(x) = u'_{11}(x_1)(x - x_1) + u_{11}(x_1), \quad \varepsilon_1 \leq x \leq x_1,$$
$$= u'_{12}(x_1)(x - x_1) + u_{12}(x_1), \quad x_1 \leq x \leq \varepsilon_2$$
$$u_2^*(x) = v'_{21}(x_1)(x - x_1) + u_{21}(x_1), \quad \varepsilon_1 \leq x \leq x_1,$$
$$= u'_{22}(x_1)(x - x_1) + u_{22}(x_1), \quad x_1 \leq x \leq \varepsilon_2$$

で近似されるような x_1 の近傍 $[\varepsilon_1, \varepsilon_2]$ が存在する．この近傍内に，$x^{**} + \tilde{z}^{**}$ の確率分布が x_1 の両側において正の確率を有する場合には，(2.20) が成立すれば，

$$a_2 = \frac{u'_{12}(x_1)}{u'_{11}(x_1)}, \quad b_2 = \frac{u'_{22}(x_1)}{u'_{21}(x_1)} \tag{2.21}$$

とみなせるので，

[*4] ここでは，u_1, u_2 ともに屈曲効用関数であるとしているが，他方のみが屈曲効用関数であっても，やはり，この命題は成立する．たとえば，u_1 が屈曲効用関数であり，u_2 は通常の 2 回連続微分可能な狭義の単調増加効用関数であるとしても，この定理は成立する．ただしこのとき，$S_1(x_1) \geq S_2(x_1)$ における $S_2(x_1)$ は $\frac{u_2^-(x_1)}{u_2^+(x_1)} = 1$ とする．証明は，定理 2.3 における証明において，$r_{u_{21}}(x), r_{u_{22}}(x)$ を $r_{u_2}(x)$ とし，$u'_{21}(x), u'_{22}(x)$ を u'_2 とすれば同じである．ここで，$r_{u_2}(x)$ は，u_2 の危険回避度である．他方のみが屈曲効用関数であってもこの定理は成立するので，屈曲点の横軸上の位置が一致しない場合にもこの定理が成立することを示すのは容易である．これらの場合も含めて，定理 2.3 の (a) は，一般的に $S_1^*(x) \geq S_2^*$ と表されうる．ここで，$S_i^*(x) = \left(r_i(x), \frac{u_i^-(x)}{u_i^+(x)}\right)$ $(i = 1, 2)$ であり，この式は，$S_1^*(x), S_2^*(x)$ の両方において定義されている要素についてのみ大小関係を表しているとする．$S_i^*(x)$ は，ベクトルであり，また，すべての x に対して定義されていないので，危険回避度とは言えず，それ自体では意味はないと思われる．以上において，x_1, u'_{21} 以外の下添字 "1" は，u_1 に関してであるということを表し，u'_{22} 以外の下添字 "2" は u_2 に関してであるということを表している．

$$CE_2(x^{**}, F^{**}) < CE_1(x^{**}, F^{**}) \tag{2.22}$$

が成立する[*5]．ここで，F^{**} は $\tilde{z}^{**}$ の確率分布である．他方，仮定より，すべての x, F に対して，

$$CE_2(x, F) \geq CE_1(x, F) \tag{2.23}$$

なので矛盾が生じる．

次に (a) ⇒ (b) を証明する．$[0, x_1]$ では $r_{u_{11}}(x) \geq r_{u_{21}}(x)$ なので，この区間において $u_{11}(x), u_{21}(x)$ を各々屈曲線形効用関数 $u_{a_{11}}(x), u_{b_{21}}(x)$ で近似するとする．このとき，$n+1$ 個の点 $0 (= x_{00}), x_{01}, x_{02}, \ldots, x_{0n-1}, x_1 (= x_{0n})$ で u_{11} と $u_{a_{11}}$，u_{21} と $u_{b_{21}}$ が各々等しいとする．ここで，$x_{01}, x_{02}, \ldots, x_{0n-1}$ は $u_{11}(x), u_{21}(x)$ のいずれかの変曲点に対応する x 軸上の点である．このとき，系 2.1 より $u_{a_{11}}(x)$ は，$u_{b_{21}}(x)$ よりも危険回避的となる．

同様にして $[x_1, M]$ において $u_{12}(x), u_{22}(x)$ を各々屈曲線形効用関数 $u_{a_{12}}(x)$, $u_{b_{22}}(x)$ で近似するとすると，$u_{a_{12}}(x)$ は $u_{b_{22}}(x)$ よりも危険回避的となる．ただし，$p+1$ 個の点 $x_1 (= x_{0n}), x_{0n+1}, x_{0n+2}, \ldots, x_{0n+p-1}, M (= x_{0n+p})$ で u_{12} と $u_{a_{12}}$，u_{22} と $u_{b_{22}}$ が各々等しいとする．ここで，$x_{0n+1}, x_{0n+2}, \ldots, x_{0n+p-1}$ は $u_{12}(x), u_{22}(x)$ のいずれかの変曲点に対応する x 軸上の点である．次にこれらの $r (= n+p+1)$ 個の点にそれらの中点を加えた $2(n+p)+1$ 個の点において，u_{11}, u_{12}，および u_{21}, u_{22} と等しくなるような屈曲線形効用関数 u_{a1}, u_{b1} をつくる．この過程を k 回繰り返してつくられた屈曲線形効用関数を u_{ak}, u_{bk} とする．u_{ak}, u_{bk} は，閉区間で定義された有界な関数であり，各々 $u_1(x), u_2(x)$ に一様収束する．そして $[0, x_1], [x_1, M]$ の各区間においては u_{ak} は u_{bk} よりも危険回避的となる．

さて，

$$|u_1(x + CE_{ak}) - u_1(x + CE_1)|$$
$$\leq |u_1(x + CE_{ak}) - u_{ak}(x + CE_{ak})|$$

[*5] p.17 の最後の行から p.18 の最初の行を参照．

$$+ |u_{ak}(x + CE_{ak}) - u_1(x + CE_1)| \tag{2.24}$$

であり，右辺の第 1 項は u_{ak} の u_1 への一様収束により，0 に近づく．第 2 項は，$x + \tilde{z}$ の期待効用を考えると，

$$E\{u_{ak}(x + \tilde{z})\} \to E\{u_1(x + \tilde{z})\} \tag{2.25}$$

より，0 に収束する．したがって，

$$u_1(x + CE_{ak}) \to u_1(x + CE_1) \tag{2.26}$$

が成立する．u_1 は，狭義の単調増加関数だから，

$$CE_{ak} \to CE_1 \tag{2.27}$$

となる．同様にして，

$$CE_{bk} \to CE_2 \tag{2.28}$$

他方，

$$\frac{u'_{11}(x_1)}{u'_{21}(x_1)} \geq \frac{u'_{12}(x_1)}{u'_{22}(x_1)} \tag{2.29}$$

なので, k がある値 (k_0) よりも大きくなると, x_1 において屈曲している 2 個の線分の傾きを各々 a_{sk}, a_{s+1k}, および b_{sk}, b_{s+1k} とするとき $a_{sk}b_{s+1k} \geq b_{sk}a_{s+1k}$ が成立する．ゆえに，すべての，屈曲している 2 個の線分の傾きの間にはこれと同様の不等式が成立する．ゆえに，定理 2.1 より $CE_{b_k} \geq CE_{a_k}$ $(k \geq k_0)$ が成立する．ゆえに，$CE_2 \geq CE_1$ となる． (証了)

第3章

危険回避関数 $A(x), R(x), P(x;w)$ の経済的意義

Menezes & Hanson [13] は初期資産が確定的である場合における危険回避関数 $A(x), R(x)$，および $P(x)$ の経済的意義をリスク・プレミアムとの関連性に基づいて明らかにしている．この議論を紹介し，続いて初期資産が確率的な場合における危険回避関数とリスク・プレミアムとの関係についての Kihlstrom, Romer, & Williams [9] の議論を紹介する．最後に Ross [16] の危険回避の測度とインシュランス・プレミアムについての議論を紹介する．

3.1 初期資産が確定的である場合（Menezes & Hanson の議論）

以下において，u は逆関数 u^{-1} と導関数 u' と u'' を有する効用関数であるとする．Arrow [1] と Pratt [14] は，$u(x)$ を用いて，危険回避の理論において重要な役割を果たす2つの関数 $A(x) = -\frac{u''(x)}{u'(x)}$, $R(x) = -x\frac{u''(x)}{u'(x)}$ を構成している．各々は絶対的危険回避関数（absolute risk aversion function），相対的危険回避関数（relative risk aversion function）と呼ばれている[*1]．他方，Menezes &

[*1] $A(x)$ については第 1.1 節を参照．

Hanson [13] は，$A(x), R(x)$ とは異なる危険回避関数 $P(x;w) = -x\frac{u''(x+w)}{u'(x+w)}$ を構成し，偏相対的危険回避関数（partial relative risk aversion function）と呼んだ．ここで，w は初期資産の水準である．さらに，Menezes & Hanson は，危険回避関数 $A(x), R(x)$，および $P(x)$ の経済的意義をリスク・プレミアムとの関連性に基づいて明らかにしている．なお，凸，凹，増加，減少はこの節では厳格な意味で用いられている[*2]．

Menezes & Hanson は彼らの主たる結果を証明するために次の補題を用いている．

補題 3.1. 以下の関数

$$\psi_A(t) = u'[u^{-1}(t)], \tag{3.1}$$

$$\psi_P(t) = u^{-1}(t)u'[u^{-1}(t)] - wu'[u^{-1}(t)], \tag{3.2}$$

$$\psi_R(t) = u^{-1}(t)u'[u^{-1}(t)] \tag{3.3}$$

は，対応する関数 $A(t) = -\frac{u''(t)}{u'(t)}$, $P(t;w) = -t\frac{u''(t+w)}{u'(t+w)}$, $R(t) = -t\frac{u''(t)}{u'(t)}$ が t に関して単調増加，一定，あるいは単調減少であるかどうかに依存して t に関して凹，線形，あるいは凸である．ここで，w は意思決定者の初期資産（initial wealth）である．

証明． 証明は関数 ψ_A, ψ_P，および ψ_R を微分することによって直ちになされる．証明の例として (3.3) に関する部分の妥当性を示す ψ_R の定義を用いて，

$$\psi_R'(t) = 1 + u^{-1}(t)\frac{u''[u^{-1}(t)]}{u'[u^{-1}(t)]} \tag{3.4}$$

$[\psi_R'(t) = [u'[u^{-1}(t)] + u^{-1}(t)u''[u^{-1}(t)]]\frac{du^{-1}(t)}{dt}$ であり，$\frac{du^{-1}(t)}{dt} = \frac{1}{u'[u^{-1}(t)]}$ であるので (3.4) が成立する．] を得る．さて，u は厳格に単調増加なので，u^{-1} もそうである．かくして，$\psi_R'(t)$ が (t の関数として) 単調増加，一定，あるいは

[*2] Menezes & Hanson [13] によれば，これらの用語が厳格な意味で用いられていない場合においても，同様の結果が得られるとしている．

単調減少であるということと, $s\dfrac{u''(s)}{u'(s)}$ が (s の関数として) 各々単調増加, 一定, あるいは単調減少であるということとは同値である. 定義から $R(s) = -s\dfrac{u''(s)}{u'(s)}$ である. したがって, ψ_R がそれぞれ単調増加, 一定, あるいは単調減少であるならば, そしてその時に限って R は凹, 線形, あるいは凸である. （証了）

$A(x), R(x), P(x;w)$ とリスク・プレミアムの関連についての Menezes & Hanson の結果は, 以下のごとく表される.

定理 3.1. $A(x), P(x;w), R(x)$ が, それぞれ x に関して単調増加, 一定, 単調減少であるならば, その各々の場合に対して,

$$\frac{\partial}{\partial w}\pi(w, \tilde{z}) \gtreqqless 0, \tag{3.5}$$

$$\frac{\partial}{\partial \lambda}\left[\frac{\pi(w, \lambda\tilde{z})}{\lambda}\right] \gtreqqless 0, \tag{3.6}$$

$$\frac{\partial}{\partial \lambda}\left[\frac{\pi(\lambda w, \lambda\tilde{z})}{\lambda}\right] \gtreqqless 0 \tag{3.7}$$

がそれぞれ成立する.

ここで, $\tilde{z}$ は閉区間 $[a,b]$ の上で定義された分布 F を有する確率変数である. そして正の乗数 λ および a は, 各 w に対して, $P(w + \lambda\tilde{z} < 0) = 0$ を満たすように制約されている.

証明. 我々は定理の中の (3.6) の妥当性を示す. (3.5) と (3.7) の部分に対する証明は同様の議論を用いるので省略する. 今 w が意思決定者の初期資産であるとし, 確率変数 $\tilde{z}$ が彼あるいは彼女の危険なプロスペクトであるとする. このとき, リスク・プレミアム $\pi(w, \tilde{z})$ は

$$\pi(w, \tilde{z}) = w + E(\tilde{z}) - u^{-1}[Eu(w + \tilde{z})] \tag{3.8}$$

と書き表される. これを用いて λ に関して微分することによって,

$$\frac{\partial}{\partial \lambda}\left[\frac{\pi(w, \lambda\tilde{z})}{\lambda}\right] \gtreqqless 0, \tag{3.9}$$

が成立することと，

$$u'[u^{-1}(Eu(w+\lambda\tilde{z}))][u^{-1}(Eu(w+\lambda\tilde{z}))-w] \gtreqless E[u'(w+\lambda\tilde{z})\lambda\tilde{z}] \quad (3.10)$$

が成立することとは同値であることが導出される．[(3.6) は $\frac{\partial}{\partial\lambda}\left[\frac{\pi(w,\lambda\tilde{z})}{\lambda}\right] = \frac{1}{\lambda^2}\left\{\left\{E(\tilde{z}) - \frac{E[u'(w+\lambda\tilde{z})\tilde{z}]}{u'[u^{-1}(Eu(w+\lambda\tilde{z}))]}\right\}\lambda - [w+\lambda E(z) - u^{-1}(Eu(w+\lambda\tilde{z}))]\right\} \gtreqless 0$ と表される．この式を整理すると，(3.10) が得られる．]

さて，関数 $\psi_P(t) = u^{-1}(t)u'[u^{-1}(t)] - wu'[u^{-1}(t)]$ を考える．Jensen の不等式によって，ψ_P が各々 t に関して凹，線形（あるいは凸）であれば $\psi_P[E(t)] \gtreqless E[\psi_P(t)]$ が成立する．$t = u(w+\lambda z)$ とせよ．そうすると (3.10) は $\psi_P[E(t)] \gtreqless E[\psi_P(t)]$ に還元する．ゆえに，関数 $\psi_P(t)$ が凹，線形（あるいは凸）であるかに応じて $(\frac{\partial}{\partial\lambda})[\pi(w,\lambda z)/\lambda] \gtreqless 0$ である．しかし，補題 3.1 の (3.2) によって $\psi_P(t)$ が凹，線形（あるいは凸）であるということと，$P(t;w)$ が各々 t に関して単調増加，一定（あるいは単調減少）であるということとは同値である．（証了）

これらの結果に対する説明として，次のように述べられている[*3]．

この定理は危険回避の理論における関数 A, R，および P の役割を示している．絶対的危険回避 A の行動は，資産は変化するが，リスクは変化しない場合における，リスク・プレミアムの行動についての情報を与える．相対的危険回避 R の行動は，資産とリスクが同一割合だけ (in the same proportion) 変化する場合における，リスク・プレミアムの比例的変化 (the proportional change) の行動についての情報を与える．そして最後に，偏相対的危険回避 P の行動は，資産は変化しないままでの，リスクにおける所与の比例的変化より生じる，リスク・プレミアムにおける比例的変化の行動についての情報を与える．

Menezes & Hanson は偏相対的危険回避 $P(t;w)$ の性質についてのいくつかの結果を列挙している．すなわち，

(a) w を固定せよ．$t_0 > 0$ のある区間 $(0, t_0)$ に属する t に対して，$P(t;w)$ が t に関して非増加であるならば，$P(t;w) = 0$（そしてその結果 $0 < t < t_0$

[*3] Menezes & Hanson [13, p.485] を参照．

に対して，$u''(t+w) = 0$ であるか，さもなくば $w = 0$ である．

(b) $w > 0$ である w を固定し $t_0 > 0$ を仮定せよ．$0 < t < t_0$ である t に関して $P(t;w)$ が単調（厳格に単調）であれば，それはそこで非減少（厳格に単調増加）である．

(c) $R(t)$ が非減少であれば，$u''(t) = 0$（それゆえに，u は線形）であるか，さもなくば $P(t;w)$ は各所与の w に対して t の厳格な単調増加関数である．

これらの結果の証明が含まれている文献として Quirk & Zarley [15] を挙げている．

3.2 初期資産が確率的な場合における危険回避関数とリスク・プレミアムとの関係（Kihlstrom, Romer, & Williams の議論）

ここでは危険回避関数とリスク・プレミアムとの関係に関する Kihlstrom, Romer, & Williams [9] の結果を紹介する．

2人の意思決定者，1と2が存在し，意思決定者 i は u_i の期待値を最大化しようとしている．このとき，u_i の適切な定義域において一様に

$$r_{u_1} = -\frac{u_1''}{u_1'} > -\frac{u_2''}{u_2'} = r_{u_2} \tag{3.11}$$

が成立しているとする．このとき，第1.1節における定理1.1（Pratt [14]）より意思決定者1の行動は意思決定者2の行動よりも大局的により危険回避的であることがわかる．

さて，初期資産（initial wealth）が確率的である場合にも (3.2) が一様に成立するときに意思決定者1の行動は意思決定者2の行動よりも大局的により危険回避的であるであろうか．すなわち，意思決定者1のリスク・プレミアムが意思決定者2のそれよりも大きいであろうか．この問題を具体的に考えるためには初期資産が確率的である場合におけるリスク・プレミアムの定義を行う必

要がある．Kihlstrom, Romer, & Williams は，確率変数 $\tilde{x}$ が確率的初期資産 $\tilde{w}$ に加えられたとき，リスク・プレミアム $\pi_i(\tilde{w}, \tilde{x})$ を

$$Eu_i(\tilde{w} + \tilde{x}) = Eu_i(\tilde{w} + E\tilde{x} - \pi_i(\tilde{w}, \tilde{x})) \tag{3.12}$$

によって定義している．そのうえで反例を挙げて，先ほどの問題が否定的に解決されることを示している[*4]．それではどのような場合に意思決定者 1 の行動は意思決定者 2 の行動よりも大局的により危険回避的であるであろうか．この点に関する考察のために Kihlstrom, Romer, & Williams は次に示されるような派生的効用関数 $V_i(x)$ を考えている．以下において，効用関数 u_i, $i = 1, 2$ はその定義域 $(\underline{z}, \overline{z})$ として実数の空でない部分区間を有しているとする．各 u_i は凹で 2 回微分可能であるとする．確率変数 $\tilde{w}$ は $(\underline{w}, \overline{w})$ において値をとる．ここで，$\overline{w} - \underline{w} < \overline{z} - \underline{z}$ である．いま，$\underline{x} = \underline{z} - \underline{w}$ および $\overline{x} = \overline{z} - \overline{w}$ とする．このとき，Kihlstrom, Romer, & Williams は，$(\underline{x}, \overline{x})$ の中の各 x に対して，$V_i(x)$ を

$$V_i(x) = Eu_i(\tilde{w} + x) \tag{3.13}$$

によって定義している．V_i を定義する期待値は存在し，V_i は $(\underline{x}, \overline{x})$ において二回微分可能であるとする．さて，第 1.1 節の定理 1.1 より直ちに次の命題が導出されるとしている．定理 1.1 における効用関数 "u" の代わりに，先ほど定義された派生的効用関数 "V" を用いることによって導出されるということであると思われる．

命題 3.1. $\tilde{w}$ は固定された確率変数であるとする．次の不等式

$$\pi_1(\tilde{w}, \tilde{x}) \geq \pi_2(\tilde{w}, \tilde{x}) \tag{3.14}$$

が $\tilde{w}$ と独立なすべての $\tilde{x}$ に対して成立することと，

[*4] Kihlstrom, Romer, & Williams [9] は意思決定者が非負の確率的所得を受け取る場合における最適ポートフォリオについても論じている．我々のこの節での関心はリスク・プレミアムにあるので，ポートフォリオに関する議論はここでは取り上げない．

第 3 章 危険回避関数 $A(x), R(x), P(x;w)$ の経済的意義

$$r_{V_1}(x) \geq r_{V_2}(x) \tag{3.15}$$

が $(\underline{x},\overline{x})$ に属するすべての x に対して成立することとは同値である．さらに，$(\underline{x},\overline{x})$ に属するすべての x に対して，

$$r_{V_1}(x) > r_{V_2}(x) \tag{3.16}$$

が成立すれば，$\tilde{w}$ と独立なすべての $\tilde{x}$ に対して，

$$\pi_1(\tilde{w},\tilde{x}) \geq \pi_2(\tilde{w},\tilde{x}) \tag{3.17}$$

が成立する．

さて，$(\underline{x},\overline{x})$ に属するすべての x に対して (3.15) が成立するための十分条件が次の定理によって与えられている．

定理 3.2. $(\underline{z},\overline{z})$ に属するすべての z に対して，

$$r_{u_1}(z) \geq r_{u_2}(z) \tag{3.18}$$

であり，かつ r_{u_1} あるいは r_{u_2} が $(\underline{z},\overline{z})$ において z の非増加関数であれば，このとき，(3.15) が $(\underline{x},\overline{x})$ の上で成立する．

この定理を証明するために Kihlstrom, Romer, & Williams は次の補題を用いている．

補題 3.2. $(\underline{z},\overline{z})$ に属する任意の z_a, z_b に対して，r を

$$r = \left[\frac{u_1'(z_a)}{u_1'(z_b)}\right] / \left[\frac{u_2'(z_a)}{u_2'(z_b)}\right] \tag{3.19}$$

によって定義する．

$(\underline{z},\overline{z})$ におけるすべての $z_a \geq z_b$ に対して，

$$\{[r_{u_1}(z_a) - r_{u_2}(z_a)] + [r_{u_1}(z_b) - r_{u_2}(z_b)]\}r + (1-r)[r_{u_1}(z_b) - r_{u_2}(z_a)] \geq 0 \tag{3.20}$$

であれば，(3.15) が $(\underline{x}, \overline{x})$ の上で成立する．

命題 3.1 と定理 3.2 より，次の系 3.1 が導かれている．

系 3.1. $(\underline{z}, \overline{z})$ の上で (3.18) が成立し，r_{u_1} あるいは r_{u_2} が $(\underline{z}, \overline{z})$ の上で z の非増加関数であるならば，このとき，

$$\pi_1(\tilde{w}, \tilde{x}) \geq \pi_2(\tilde{w}, \tilde{x}) \tag{3.21}$$

が成立する．ここで，$\tilde{x}$ と $\tilde{w}$ は独立であり，富が常に $(\underline{z}, \overline{z})$ の中にあるような範囲の値をとる．

Kihlstrom, Romer, & Williams は系 3.1 の系として次の系 3.2 を得ている．この系は Pratt [14] における定理 5 の明白な系としても得られうるとしている．

系 3.2. $R^u(z)$ が z の非増加（減少）関数であれば，このとき，$\pi(\tilde{x}, \tilde{w} + z)$ は z の非増加（減少）関数である．

3.3 危険回避の測度とインシュランス・プレミアム（Ross の議論）

ここでは，u_1 と u_2 は実数の上で定義された Neumann & Morgenstern 型の効用関数であるとする．単純化のためすべての効用関数は厳格に単調，凹，および C^3 に属しているとする．いま，u_1 は u_2 よりも Arrow-Pratt の意味でより危険回避的であるということを，ここでは $u_1 \supseteq_{AP} u_2$ と表し，次のように定義する．

定義．

$$-\frac{u_1''}{u_1'} \geq -\frac{u_2''}{u_2'} \tag{3.22}$$

が成立するならば，そしてその時に限って $u_1 \supseteq_{AP} u_2$ である．

Ross [16] は Arrow-Pratt の危険回避の測度よりもより強い順序づけを与え

第 3 章 危険回避関数 $A(x), R(x), P(x;w)$ の経済的意義

る危険回避の測度を定義している．

定義．
$$\inf_w \frac{u_1''(w)}{u_2''(w)} \geq \sup_w \frac{u_1'(w)}{u_2'(w)} \tag{3.23}$$
が成立するならば，そしてその時に限って u_1 は u_2 よりも強い意味でより危険回避的であると言い，記号的には $u_1 \supseteq u_2$ と表される．

$u_1 \supseteq u_2$ ということは次のようにも同値的に定義できるとしている．

定義． $(\exists \lambda)(\forall w_1, w_2)$
$$\frac{u_1''(w_1)}{u_2''(w_1)} \geq \lambda \geq \frac{u_1'(w_2)}{v_2'(w_2)} \tag{3.24}$$
と $u_1 \supseteq u_2$ とは同値である．

Ross は "$\supseteq$" は "$\supseteq_{AP}$" よりも厳格により強い順序づけであることを定理 3.3 において示している．

定理 3.3. $u_1 \supseteq u_2$ であれば，$u_1 \supseteq_{AP} u_2$ であるが，逆は真ではない．

さらに危険回避，相対危険回避の増加，減少について以下のような定義を与えている．

定義． 効用関数，$u(\cdot)$ が減少的危険回避，すなわち，DARA を示すということは $(\forall x, y > 0)$ $u(x) \supseteq u(x+y)$ が成立することである．そして増加的危険回避，すなわち，IARA を示すということは $(\forall x, y > 0)$ $u(x+y) \supseteq u(x)$ が成立することである．

定義． 効用関数 $u(\cdot)$ が減少的相対危険回避を示す，すなわち，DRRA を示すということは $(\forall x, y > 0)$ $u(x) \supseteq u([1+y]x)$ が成立するということである．

そして効用関数 $u(\cdot)$ が増加的相対危険回避を示す，すなわち，IRRA を示すということは $(\forall x, y > 0)$ $u([1+y]x) \supseteq u(x)$ が成立するということである．

Ross によれば，これらの定義は対応する Arrow-Pratt の定義よりも厳格に強い．Ross はこれらの定義の有用性を示すためにいくつかの応用例を挙げてい

るが，その中にインシュランス・プレミアムに関する例が含まれている．そこでは期待値がゼロのリスクを考え，さらにこれらの定義の有用性を示すために，そして長ったらしい分析を単純化するために所与の富の水準に対して小さいリスクを考えている．インシュランス・プレミアムは付加的なリスクの期待値がゼロの場合のリスク・プレミアムのことである．期待値がゼロでないリスクの場合には期待値分を初期資産に含めることによってリスクの期待値をゼロにすることができるので，この前提は一般性を失うものではないと思われる．2番目の前提は Ross の分析では必要不可欠である．インシュランス・プレミアムの定義式を Taylor 展開し，u が DARA（IARA）であるということと，すべての x に対して，$\frac{u'''(x)}{u''(x)} \leq a \leq \frac{u'''(x)}{u''(x)}$ （$\frac{u'''(x)}{u''(x)} \geq a \geq \frac{u'''(x)}{u''(x)}$）が成立するような a が存在するということとが同値であるという性質（Ross の定理 4 参照）を用いることによって，独立なリスクに対するインシュランス・プレミアムは，確率的初期資産が一定値だけ付加されると，効用関数が減少的（増加的）である，強い意味での危険回避を有するならば，減少（増加）すると結論している．そして，DRRA と IRRA を用いた同様の分析が相対的インシュランス・プレミアムに対しても適用できるとしている．

次章において我々はこれらの測度を用いて初期資産が確率的である場合に Menezes & Hanson [13] の主たる結果である定理の中の (3.6) と (3.7) が成立することに対する十分条件を導出する．その際，ここでのように無限小のリスクを用いずに Kihlstrom, Romer, & Williams [9] の手法を用いる[*5]．

[*5] Ross [16] における分析は (3.5) の場合に対する 1 つの十分条件を与えているとみなせる．ただし一般のリスクの場合の分析は明記されていない．Kihlstrom, Romer, & Williams [9] によって与えられている分析もまた，(3.5) の場合に関連した分析とみなせる．また，Ross の相対的インシュランス・プレミアムに対しても適用できるとしている DRRA と IRRA を用いた同様の分析も我々の (3.7) の場合に対する分析と関連していると思われるが，分析の詳細が明記されていないので論評はできない．

第4章

初期資産が確率的である状況のもとでの相対的危険回避と偏相対的危険回避

　第3.1節において述べられたごとく，Menezes & Hanson [13] は，危険回避関数 $A(x)$, $R(x)$, $P(x;w)$ のそれら自体の経済的意義をリスク・プレミアム（risk premium）との関連性に基づいて明らかにしている．ところで，Menezes & Hanson の議論においては，意思決定者の初期資産は固定されている．前章の最後で述べられたように，ここでは $R(x)$ と $P(x;w)$ に焦点をしぼり，それらの経済的意義について初期資産が確率的であり，かつリスクと独立である場合に考察することである．

　$u(x)$ は意思決定者の，貨幣額に対する危険回避型の効用関数であるとする．単純化のため，$u(x)$ は狭義の凹，単調増加[*1]，そして3回連続微分可能であるとする．リスクは確率変数 $\tilde{z}$ で表され，初期資産は確率的である場合には $\tilde{w}$，固定的である場合には w で表示される．$\tilde{w}$ と $\tilde{z}$ は独立であるとする．初期資産が確率的である場合におけるリスク・プレミアム $\pi(\tilde{w}, \tilde{z})$ は，第3.2節におけるごとく，次の式によって定義される．

$$Eu(\tilde{w} + \tilde{z}) = Eu(\tilde{w} + E(\tilde{z}) - \pi(\tilde{w}, \tilde{z})). \tag{4.1}$$

Menezes & Hanson においては，$\tilde{w}$ は退化した確率変数とみなされる．

[*1] 本章において，単調増加，単調減少という場合には，狭義の意味においてであるとする．

第 1 節において，$R(x)$ の場合について考察し，第 2 節において $P(x;w)$ の場合について考察する．最後の第 3 節においては，結語を述べる．

4.1 $R(x)$ の経済的意義

ここでは，$R(x)$ の場合についての我々の結果を述べる．Kihlstrom, Romer, & Williams [9] が，$u(x)$ より $V(x) = Eu(\tilde{w} + x)$ という関数を構成したのと同じように[*2]，我々もここで，$u(x)$ より，次のような二つの関数 $V_i(x)$ $(i = 1, 2)$ を構成する．

すべての x に対して，

$$V_i(x) = Eu(\lambda_i(\tilde{w} + x)) \quad (i = 1, 2) \tag{4.2}$$

ただし，λ_i $(i = 1, 2)$ は $\lambda_2 > \lambda_1 > 0$ を満たすように制約されている．なお，$u(x)$ がある区間において定義されている場合には，$\lambda_i \tilde{w} + \lambda_i \tilde{z}$ $(i = 1, 2)$ のとる値がその区間に含まれるように，$\tilde{w}, \tilde{z}$ のとる値が含まれる区間，λ_i $(i = 1, 2)$ のとる値は制約される．そして $V_i(x)$ は，その構成法から考えて，$\tilde{z}$ のとる値が含まれる区間において定義される．$V_i(x)$ の絶対的危険回避関数は $r_{V_i}(x)$ で表示される．

我々の主たる結果を証明するために，次の補題が用いられる．この補題は，KihIstrom, Romer, & Williams が，彼らの主たる結果（第 3.2 節の定理 3.2）を証明するのに用いた命題（第 3.2 節の命題 3.1）と同じ役割を果たす．

補題 4.1. すべての x に対して，

$$r_{V_2}(x) \gtreqless r_{V_1}(x) \tag{4.3}$$

であるならば，$\lambda_2 > \lambda_1 > 0$ を満たす任意の乗数 λ_i $(i = 1, 2)$ と任意の $\tilde{w}, \tilde{z}$ に対して，

[*2] 第 3.2 節を参照．

第 4 章　初期資産が確率的である状況のもとでの相対的危険回避と偏相対的危険回避

$$\frac{\pi(\lambda_2\tilde{w}, \lambda_2\tilde{z})}{\lambda_2} \gtreqless \frac{\pi(\lambda_1\tilde{w}, \lambda_1\tilde{z})}{\lambda_1} \tag{4.4}$$

が成立する（複号同順）．

$u(x)$ は，ある区間において定義されていてもかまわない[*3]．

証明． $r_{V_2}(x) \gtreqless r_{V_1}(x)$ であるならば，

$$\pi_{V_2}(0, \tilde{z}) \gtreqless \pi_{V_1}(0, \tilde{z})^{*4} \tag{4.5}$$

ここで，$\pi_{V_i}(0, \tilde{z})$ $(i = 1, 2)$ は，次の式によって定義される．

$$EV_i(\tilde{z}) = V_i(E\tilde{z} - \pi_{V_i}(0, \tilde{z})). \tag{4.6}$$

$V_i(x) = Eu(\lambda_i(\tilde{w} + x))$ より，

$$\begin{aligned}Eu(\lambda_i(\tilde{w} + \tilde{z})) &= Eu(\lambda_i(\tilde{w} + E\tilde{z} - \pi_{V_i}(0, \tilde{z})) \\ &= Eu(\lambda_i\tilde{w} + \lambda_i E\tilde{z} - \lambda_i\pi_{V_i}(0, \tilde{z})).\end{aligned} \tag{4.7}$$

したがって，$\pi(\lambda_i\tilde{w}, \lambda_i\tilde{z})$ の定義より

$$\lambda_i\pi_{V_i}(0, \tilde{z}) = \pi(\lambda_i\tilde{w}, \lambda_i\tilde{z}). \tag{4.8}$$

ゆえに，

$$\pi_{V_i}(0, \tilde{z}) = \frac{\pi(\lambda_i\tilde{w}, \lambda_i\tilde{z})}{\lambda_i}. \tag{4.9}$$

したがって，(4.5) より，$r_{V_2}(x) \gtreqless r_{V_1}(x)$ であるならば，

$$\frac{\pi(\lambda_2\tilde{w}, \lambda_2\tilde{z})}{\lambda_2} \gtreqless \frac{\pi(\lambda_1\tilde{w}, \lambda_1\tilde{z})}{\lambda_1} \tag{4.10}$$

[*3] $u(x)$ がある区間において定義されている場合には，λ_i $(i = 1, 2)$, $\tilde{w}$, $\tilde{z}$ は (4.2) の下の 1 行目から 4 行目における制約を受ける．そして，$\tilde{z}$ のとる値が含まれる区間において，$r_{V_2}(x) \gtreqless r_{V_1}(x)$ が成立することが要請される．
[*4] 第 1.1 節の定理 1.1 を参照．

が成立する． (証了)

さて，$R(x)$ とリスク・プレミアムの関連についての我々の結果は，次の定理として示される．

定理 4.1. $u(x)$ が，狭義の IRRA，一定 RRA，狭義の DRRA[*5]であるならば，任意の正の乗数 λ，任意の $\tilde{w}, \tilde{z}$ に対して，

$$\frac{\partial}{\partial \lambda}\left[\frac{\pi(\lambda\tilde{w}, \lambda\tilde{z})}{\lambda}\right] \gtreqless 0 \tag{4.11}$$

がそれぞれ成立する．

$u(x)$ はある区間で定義されていて，その区間において狭義の IRRA，一定 RRA，狭義の DRRA であってもかまわない[*6]．

証明． 以下においては，$u(x)$ が狭義の IRRA である場合について証明する．$u(x)$ が一定 RRA，狭義の DRRA である場合についても，同様にして証明されうる．

狭義の IRRA の定義より，すべての，t，正なる y に対して[*7]，

$$u([1+y]t) \supset u(t). \tag{4.12}$$

したがって，すべての，s_1, s_2，正なる y に対して，

$$\frac{(1+y)^2 u''([1+y]s_1)}{u''(s_1)} > \frac{(1+y)u'([1+y]s_2)}{u'(s_2)}. \tag{4.13}$$

$y = \frac{\lambda_2}{\lambda_1} - 1, s_1 = \lambda_1 w_1, s_2 = \lambda_1 w_2$ とすると，すべての，$w_1, w_2, \lambda_2 > \lambda_1 > 0$ を満たす λ_1, λ_2 に対して，

[*5] これらの概念については，第 3.3 節を参照．$u(x)$ が IRRA，DRRA であるときにも，同様の結果が得られる．

[*6] この場合，$\lambda\tilde{w} + \lambda\tilde{z}$ のとる値がこの区間に含まれるように，$\tilde{w}, \tilde{z}$ のとる値の含まれる区間，λ のとる値は制約されている．

[*7] $u(x)$ がある区間で定義されていて，この区間において，狭義の IRRA である場合には，この条件を満たすように制約されている．(4.13), (4.14) においても同様である．

第 4 章 初期資産が確率的である状況のもとでの相対的危険回避と偏相対的危険回避

$$\frac{\lambda_2^2 u''(\lambda_2 w_1)}{\lambda_1^2 u''(\lambda_1 w_1)} > \frac{\lambda_2 u'(\lambda_2 w_2)}{\lambda_1 u'(\lambda_1 w_2)}. \qquad (4.14)$$

変形すると,

$$-\lambda_2 u''(\lambda_2 w_1) u'(\lambda_1 w_2) > -\lambda_1 u''(\lambda_1 w_1) u'(\lambda_2 w_2). \qquad (4.15)$$

ここで, (4.17) を導出するために, Kihlstrom, Romer, & Williams が, 彼らの定理[*8]を証明するときに用いた方法と同じ手法[*9]を用いる. すなわち, $\tilde{w}_\alpha$ と $\tilde{w}_\beta$ とはともに $\tilde{w}$ と同じ分布をもつ独立な確率変数とする. そして $\tilde{w}_1 = x + \tilde{w}_\alpha$, $\tilde{w}_2 = x + \tilde{w}_\beta$ とし, (4.15) に代入し, 期待値をとり, $\tilde{w}_\alpha$ と $\tilde{w}_\beta$ はともに $\tilde{w}$ と同じ分布を有することを用いると, 任意の x に対して,

$$-\lambda_2 E u''(\lambda_2(\tilde{w}+x)) E u'(\lambda_1(\tilde{w}+x)) > -\lambda_1 E u''(\lambda_1(\tilde{w}+x)) E u'(\lambda_2(\tilde{w}+x)). \qquad (4.16)$$

したがって,

$$-\lambda_2 \frac{E u''(\lambda_2(\tilde{w}+x))}{E u'(\lambda_2(\tilde{w}+x))} > -\lambda_1 \frac{E u''(\lambda_1(\tilde{w}+x))}{E u'(\lambda_1(\tilde{w}+x))}. \qquad (4.17)$$

左辺は $r_{V_2}(x)$ に等しく, 右辺は $r_{V_1}(x)$ に等しいことは容易にわかる. ゆえに, 任意の x に対して,

$$r_{V_2}(x) > r_{V_1}(x)^{*10}. \qquad (4.18)$$

したがって, 補題 4.1 より,

$$\frac{\pi(\lambda_2 \tilde{w}, \lambda_2 \tilde{z})}{\lambda_2} > \frac{\pi(\lambda_1 \tilde{w}, \lambda_1 \tilde{z})}{\lambda_1}. \qquad (4.19)$$

λ_i $(i=1,2)$ は, $\lambda_2 > \lambda_1 > 0$ を満たす任意の実数である. したがって, 正なるすべての実数 λ に対して[*11],

---

[*8] Kihlstrom, Romer, & Williams [9, p.916] を参照.
[*9] Kihlstrom, Romer, & Williams [9, pp.916–917] を参照.
[*10] $u(x)$ がある区間において定義されていて, その区間において IRRA である場合には, x は $\tilde{z}$ がとる任意の値を含んでいる.
[*11] 脚注 *6 を参照.

$$\frac{\partial}{\partial \lambda}\left[\frac{\pi(\lambda \tilde{w}, \lambda \tilde{z})}{\lambda}\right] > 0 \tag{4.20}$$

が成立する. (証了)

容易にわかるごとく狭義の IRRA, 狭義の DRRA である $u(x)$ は，それぞれ，単調増加の相対的危険回避関数を有する $u(x)$, 単調減少の相対的危険回避関数を有する $u(x)$ の部分集合である．したがって，定理 4.1 より，単調増加（単調減少）の相対的危険回避関数を有する $u(x)$ が狭義の IRRA（狭義の DRRA）であるならば，初期資産が確率的で，かつリスクと独立である場合にも，第 3.1 節の定理 3.1 の対応する部分[*12]は成立するといえる．別の言い方をすれば，$u(x)$ が狭義の IRRA である，あるいは，狭義の DRRA であるということの経済的意義づけを行ったといえよう．また，一定の相対的危険回避関数を有する $u(x)$ は，一定 RRA である．したがって，定理 4.1 より，$u(x)$ が一定の相対的危険回避関数を有するならば，定理 3.1 の対応する部分[*13]は，我々の設定している状況のもとでも，成立するといえる．

4.2　$P(x; w)$ の経済的意義

この節では，$P(x; w)$ の場合について考察する．ここでは，Kihlstrom, Romer, & Williams [9] が $u(x)$ より構成した関数 $V(x) = Eu(\tilde{w} + x)$（すべての x に対して）を用いる[*14]．$u(x)$ がある区間において定義されている場合には，$\tilde{w} + \lambda \tilde{z}$ のとる値がその区間に含まれるように，$\tilde{w}, \tilde{z}$ のとる値の含まれる区間と正の乗数 λ のとる値とは制約される．そして，$V(x)$ は，λ_z（λ は上記の範囲内の任意の値をとる.）のとる値が含まれる区間において，定義されることとなる．なお，この節においては，$\tilde{z}$ のとる値は正であるとする．$V(x)$ の偏相対的危険回

[*12] すなわち，$R(x)$ が単調増加（単調減少）であるならば，$\frac{\partial}{\partial \lambda}\left[\frac{\pi(\lambda w, \lambda \tilde{z})}{\lambda}\right] > (<) 0$ という部分．

[*13] すなわち，$R(x)$ が一定であるならば，$\frac{\partial}{\partial \lambda}\left[\frac{\pi(\lambda w, \lambda \tilde{z})}{\lambda}\right] = 0$ という部分．

[*14] 第 3.2 節を参照．

第4章 初期資産が確率的である状況のもとでの相対的危険回避と偏相対的危険回避

避関数は，$P_V(x;w)$ で表される．

ここにおいても，第1節におけると同様に，次の補題が我々の主たる結果を証明するのに用いられる．

補題 4.2. 任意の x に対して，

$$P'_V(x;0) \gtreqless 0 \tag{4.21}$$

であるならば，任意の正の $\lambda, \tilde{w}, \tilde{z}$ に対して，

$$\frac{\partial}{\partial \lambda}\left[\frac{\pi(\tilde{w}, \lambda\tilde{z})}{\lambda}\right] \gtreqless 0 \tag{4.22}$$

が成立する（複号同順）．

$u(x)$ はある区間において定義されていてもかまわない[*15]．

証明． 定理 3.1 より，

$$P'_V(x;0) \gtreqless 0 \tag{4.23}$$

であるならば，

$$\frac{\partial}{\partial \lambda}\left[\frac{\pi_V(0, \lambda\tilde{z})}{\lambda}\right] \gtreqless 0. \tag{4.24}$$

ここで，$\pi_V(0, \lambda\tilde{z})$ は次式によって定義される．

$$EV(\lambda\tilde{z}) = V(\lambda E\tilde{z} - \pi_V(0, \lambda\tilde{z})). \tag{4.25}$$

したがって，$V(x) = Eu(\tilde{w} + x)$ を用いて書き表すと，

$$Eu(\tilde{w} + \lambda\tilde{z}) = Eu(\tilde{w} + \lambda E\tilde{z} - \pi_V(0, \lambda\tilde{z})). \tag{4.26}$$

他方，$\pi(\tilde{w}, \lambda\tilde{z})$ は次式によって定義される．

[*15] $u(x)$ がある区間において定義されている場合には，$\lambda, \tilde{w}, \tilde{z}$ はこの節の3行目から5行目におけるごとき制約を受ける．そして，$\lambda\tilde{z}$（λ は制約された範囲内の任意の値をとる）のとる値が含まれる区間において，$P'_V(x;0) \gtreqless 0$ が成立することが要請される．

$$Eu(\tilde{w} + \lambda\tilde{z}) = Eu(\tilde{w} + \lambda E\tilde{z} - \pi_V(\tilde{w}, \lambda\tilde{z})). \tag{4.27}$$

ゆえに,
$$\pi_V(0, \lambda\tilde{z}) = \pi(\tilde{w}, \lambda\tilde{z}). \tag{4.28}$$

(4.24) に代入すると
$$\frac{\partial}{\partial\lambda}\left[\frac{\pi(\tilde{w}, \lambda\tilde{z})}{\lambda}\right] \gtreqless 0 \tag{4.29}$$

が得られる. (証了)

最初に, $\frac{\pi(\tilde{w},\lambda\tilde{z})}{\lambda}$ が λ に関して単調増加となることに対する十分条件を与える.

定理 4.2. $u(x)$ が IARA であるならば, 任意の正の $\lambda, \tilde{w}, \tilde{z}$ に対して,

$$\frac{\partial}{\partial\lambda}\left[\frac{\pi(\tilde{w}, \lambda\tilde{z})}{\lambda}\right] > 0 \tag{4.30}$$

が成立する.

$u(x)$ はある区間で定義されていて, その区間において IARA であってもかまわない[16].

証明. $u(x)$ が, IARA であるならば, IARA の定義より, すべての, $x, \Delta t\ (\Delta t > 0)$ に対して[17],

$$u(x + \Delta t) \supseteq u(x). \tag{4.31}$$

したがって, すべての, $s_1, s_2, \Delta t$ に対して,

$$\frac{u''(\Delta t + s_1)}{u''(s_1)} \geq \frac{u'(\Delta t + s_2)}{u'(s_2)}. \tag{4.32}$$

s_1, s_2 は任意だから, $s_1 = z_1 + t, s_2 = z_2 + t$ とすると, すべての, z_1, z_2, 非負なる t に対して,

---

[16] この場合, $\lambda, \tilde{w}, \tilde{z}$ はこの節の 3 行目から 5 行目におけるごとき制約を受ける.
[17] $u(x)$ がある区間において定義されていて, この区間において IARA である場合には, この条件を満たすように制約されている. (4.32), (4.33) においても同様である.

第 4 章　初期資産が確率的である状況のもとでの相対的危険回避と偏相対的危険回避

$$\frac{u''(z_1+t+\Delta t)}{u''(z_1+t)} \geq \frac{u'(z_2+t+\Delta t)}{u'(z_2+t)}. \tag{4.33}$$

ゆえに,
$$-t\frac{u'(z_2+t+\Delta t)}{u'(z_2+t)} \geq -t\frac{u''(z_1+t+\Delta t)}{u''(z_1+t)}. \tag{4.34}$$

他方, $\Delta t > 0$ なので,
$$-t\frac{u''(z_1+t+\Delta t)}{u''(z_1+t)} > -(t+\Delta t)\frac{u''(z_1+t+\Delta t)}{u''(z_1+t)}. \tag{4.35}$$

したがって,
$$-t\frac{u'(z_2+t+\Delta t)}{u'(z_2+t)} > -(t+\Delta t)\frac{u''(z_1+t+\Delta t)}{u''(z_1+t)}. \tag{4.36}$$

変形すると,

$$-(t+\Delta t)u''(z_1+t+\Delta t)u'(z_2+t) > -tu''(z_1+t)u'(z_2+t+\Delta t). \tag{4.37}$$

以降は, 前節における定理 4.1 の証明の場合と同様に, Kihlstrom, Romer, & Williams が用いた方法と同じ手法を用いると,

$$-(t+\Delta t)Eu''(\tilde{w}+t+\Delta t)\cdot Eu'(\tilde{w}+t) > -tEu''(\tilde{w}+t)Eu'(\tilde{w}+t+\Delta t) \tag{4.38}$$

が導出される[*18]. ゆえに,

$$-(t+\Delta t)\frac{Eu''(\tilde{w}+t+\Delta t)}{Eu'(\tilde{w}+t+\Delta t)} > -t\frac{Eu''(\tilde{w}+t)}{Eu'(\tilde{w}+t)}. \tag{4.39}$$

したがって, $V(x)$ の定義より,

$$P_v(t+\Delta t;0) > P_v(t;0). \tag{4.40}$$

この式は, 任意の, 非負なる $t, \Delta t$ に対して成立するので, すべての正なる x に対して,

[*18] ただし, $\tilde{z}_1 = \tilde{w}_1, \tilde{z}_2 = \tilde{w}_2$ とする. ここで, $\tilde{w}_1$ と $\tilde{w}_2$ は, $\tilde{w}$ と同じ分布をもつ確率変数である.

$$P'_v(x;0) > 0 \tag{4.41}$$

が成立する[*19]．したがって，補題 4.2 より，

$$\frac{\partial}{\partial \lambda}\left[\frac{\pi(\tilde{w}, \lambda \tilde{z})}{\lambda}\right] > 0 \tag{4.42}$$

が得られる[*20]．　　　　　　　　　　　　　　　　　　　　　　　　（証了）

定理 4.2 においては，$u(x)$ は IARA である．ところが，初期資産が固定的である場合には，偏相対的危険回避関数が単調増加であることが要請されていた．したがって，両者の間の関連が問題となるであろう．次の定理は，この点に関するものである．

定理 4.3. $u(x)$ が IARA であるならば，$P(t;w)$ は非負なる t に関して，単調増加である．ただし，w は任意である．

$u(x)$ はある区間で定義されていてもかまわない[*21]．

証明． $P(t;w)$ の定義より，

$$P(t;w) = -t\frac{u''(t+w)}{u'(t+w)}. \tag{4.43}$$

t で微分すると，

$$P'(t;w) = \frac{-[\{u''(t+w) + tu'''(t+w)\}u'(t+w) - t\{u''(t+w)\}^2]}{\{u'(t+w)\}^2}. \tag{4.44}$$

[*19] $u(x)$ がある区間において定義されている場合には，(4.40) における $t, t+\Delta t$ ((4.41) における x) は，λ が，制約された範囲内の任意の値をとるとき，$\lambda\tilde{z}$ が定義されている区間に属する任意の 2 つの値（任意の値）をとる．他方，ここで，$x > 0$ としているので，Menezes & Hanson [13] の定理の証明の過程より，$\lambda z > 0$．ここで，z は $\tilde{z}$ のとる値である．Menezes & Hanson [13, pp.483–485] を参照．また，$\lambda > 0$．ゆえに，$z > 0$ であることが必要となる．

[*20] 脚注 *15 を参照．

[*21] この場合には，各々の w に対して $w+t$ がその区間に含まれるように，$P(t,w)$ の定義されている区間は制約されている．

第 4 章　初期資産が確率的である状況のもとでの相対的危険回避と偏相対的危険回避

$t \geq 0$ なる t に対して，$P'(t;w) > 0$ となるためには，$u''(t+w) < 0$ であるから，
$$u'''(t+w)u'(t+w) - \{u''(t+w)\}^2 \leq 0 \tag{4.45}$$
となることが十分である．他方，仮定より，$u(x)$ は IARA であるので，すべての x に対して，
$$\frac{u'''(x)}{u''(x)} \geq \frac{u''(x)}{u'(x)}. \tag{4.46}$$
変形すると，
$$u'''(x)u'(x) - \{u''(x)\}^2 \leq 0. \tag{4.47}$$
x は任意だから，$x = t + w$ とおくと (4.45) と同値となる．　　　（証了）

したがって，定理 4.2 と定理 4.3 より，$\tilde{w}$ のとる各々の値 w に対して正なる t に関して単調増加である $P(t;w)$ を有する $u(x)$ が IARA であるならば，資産が確率的でかつリスクと独立である場合，リスクのとる値が正であれば，第 3.1 節の定理 3.1 の対応する部分[*22]は成立するといえる．

次に，$\frac{\pi(\tilde{w},\lambda\tilde{z})}{\lambda}$ が，λ に関して非増加となることに対する十分条件を考える．Kihlstrom, Romer, & Williams が彼らの主たる結果（定理 3.2）を導出するのに用いた補題（第 3.2 節の補題 3.2）と同様の役割を果たす次の補題が，証明に使われる．

補題 4.3.
$$[P(t+\Delta t;w_1) - P(t;w_1) + P(t+\Delta t;w_2) - P(t;w_2)] \cdot r$$
$$+ [P(t+\Delta t;w_2) - P(t;w_1)] \cdot (1-r) \leq 0 \tag{4.48}$$
ならば，
$$P'_v(y;0) \leq 0 \tag{4.49}$$
が成立する．ただし，w_1, w_2 は $\tilde{w}$ のとる値が含まれる区間に属する，$w_1 > w_2$

[*22] $P'(t;w) > 0$ ならば，$\frac{\delta}{\delta\lambda}\left[\frac{\pi(w,\lambda z)}{\lambda}\right] > 0$，という部分である．

を満たす任意の実数である．また，$t, t + \Delta t$ $(\Delta t > 0)$, y は任意の実数であり，r は

$$r = \left[\frac{u'(t + \Delta t + w_1)}{u''(t + \Delta t + w_2)}\right] \bigg/ \left[\frac{u'(t + w_1)}{u''(t + w_2)}\right]. \tag{4.50}$$

によって定義される．

$u(x)$ はある区間で定義されていてもかまわない[*23].

証明． 証明は，Kihlstrom, Romer, & Williams の補題の証明[*24]とほとんど同様であるので，省略する． (証了)

定理 4.4. (a) $\tilde{w}$ がとりうるすべての w に対して，$P(t; w)$ は区間 $t_1 < t < t_2$[*25] （ただし，$t_1 > 0$）において非増加であり，(b) $u(x)$ が非増加の絶対的危険回避関数を有するとする．このとき，

$$\frac{\partial}{\partial \lambda}\left[\frac{\pi(\tilde{w}, \lambda \tilde{z})}{\lambda}\right] \leq 0 \tag{4.51}$$

が成立する．ただし，$t_1 < \lambda z < t_2$．ここで，z は $\tilde{z}$ のとる値が含まれる区間に属する正の任意の値である[*26].

$u(x)$ はある区間で定義されていてもかまわない[*27].

証明． 仮定 (a) より，

$$P(t + \Delta t; w_1) - P(t; w_1) \leq 0,$$
$$P(t + \Delta t; w_2) - P(t; w_2) \leq 0. \tag{4.52}$$

[*23] この場合，$\lambda, \tilde{w}, \tilde{z}$ はこの節の 3 行目から 5 行目におけるごとき制約を受ける．$t, t + \Delta t$ （および y）は，λ が制約された範囲内の任意の値をとるとき，$\lambda \tilde{z}$ のとる値が含まれる区間に属する 2 つの値（および任意の値）である．

[*24] Kihlstrom, Romer, & Williams [9, pp.916–917] を参照．

[*25] t_2 は ∞ でもかまわない．

[*26] $0 < t_1 < t < t_2$ としているので，Menezes & Hanson [13] の定理の証明の過程より，$t_1 < \lambda z < t_2$ であることが必要となる．Menezes & Hanson [13, pp.483–485] を参照．

[*27] この場合，$\lambda, \tilde{w}, \tilde{z}$ はこの節の 3 行目から 5 行目におけるごとき制約を受ける．

第4章　初期資産が確率的である状況のもとでの相対的危険回避と偏相対的危険回避

ただし，w_1, w_2 は $\tilde{w}$ のとる値が含まれる区間に属する，$w_1 > w_2$ を満たす任意の実数である．$t, t+\Delta t$ $(\Delta t > 0)$ は，(t_1, t_2) に属する任意の値をとる．また，

$$P(t+\Delta t; w_2) - P(t; w_1) = [P(t+\Delta t; w_2) - P(t; w_2)]$$
$$+ [P(t; w_2) - P(t; w_1)],$$
$$P(t; w_2) - P(t; w_1) = t\left\{-\frac{u''(w_2+t)}{u'(w_2+t)} + \frac{u''(w_1+t)}{u'(w_1+t)}\right\}. \quad (4.53)$$

ここで，$w_1 > w_2, t > 0$ である．したがって，仮定 (b) より上式は非正となる．他方，仮定 (a) より (4.53) の右辺第一項は非正である．また，仮定 (b) より $r \leq 1$．したがって，補題 4.3 の (4.48) が成立するので，補題 4.3 より

$$P'_v(y; 0) \leq 0. \quad (4.54)$$

したがって，補題 4.2 より

$$\frac{\partial}{\partial \lambda}\left[\frac{\pi(\tilde{w}, \lambda \tilde{z})}{\lambda}\right] \leq 0 \quad (4.55)$$

が成立する． (証了)

　この定理においては，仮定 (a) におけるごとく，$P(t;w)$ は $t_1 < t < t_2$ $(t_1 > 0)$ に属する t に関して，非増加であるとし，$t_1 = 0$ の場合は含まれなかった．もしも，$t_1 = 0$ の場合を含め，t の範囲を $0 < t < t_2$ とし，この範囲の t に関して $P(t;w)$ が非増加であるとすると，第3.1節の Menezes & Hanson の $P(t;w)$ の性質についての結果 (a) からわかるごとく，$P(t;w)$ は恒等的に 0 となるか，$w = 0$ となるかのいずれかとなる．したがって，$w = 0$ 以外の w に対して $P(t;w)$ は恒等的に 0 とならざるを得ず，結果として $0 < t < t_2$ なる t に対して，$u''(t+w) = 0$ となる．このことは，$u(x)$ が狭義の凹関数であるという前提と矛盾する．したがって，$t_1 = 0$ の場合は含まれなかったのである．

4.3 ふりかえって

我々は，初期資産が確率的であり，かつリスクと独立である場合について，Menezes & Hanson [13] が考慮した $R(x), P(x;w)$ の各々とリスク・プレミアムとの関係の拡張の可能性を調べた．

彼らの考えた $R(x)$ とリスク・プレミアムとの関連は $R(x)$ が一定である場合には成立するが，単調増加あるいは単調減少の $R(x)$ に対しては，それぞれ狭義の IRRA あるいは狭義の DRRA を用いれば，保持されることが判明した．換言すれば，狭義の IRRA，狭義の DRRA それら自体に対する経済的意義が明らかになったことになる．すなわち，それらは，初期資産が確率的でかつリスクと独立である場合，初期資産とリスクの両方を変換する乗数に関するリスク・プレミアムの弾力性を決定する．

$P(x;w)$ が x に関して単調増加である場合における，$P(x;w)$ とリスク・プレミアムの関係は，リスクのとる値が正である時，IARA を用いれば，保持されることが判明した．また，$P(x;w)$ が x に関して非増加である場合に対しては，やはりリスクのとる値が正である時，$P(x;w), u(x)$，リスク $\tilde{z}$，および λ が定理 4.4 における条件を満たすならば，保持されることが判明した．したがって，IARA，および $P(x;w)$ は，初期資産が確率的であり，かつリスクと独立である場合，各々上記のごとく制約された状況のもとでは，リスクを変換する乗数に関するリスク・プレミアムの弾力性を決定する．

なお，$P(x;w)$ の場合においては，リスクのとる値が正であるという制約が存在した．この制約をゆるめた場合，どのようなことがいえるかという問題が残されている．さらに，定理 4.2 および定理 4.4 において，各々 (4.30), (4.51) が成立するために与えられている十分条件とは別の十分条件を求めることも興味のあることである．これらの諸点に対する考察は，将来の課題である．

第5章

特定化問題

最初に，二つの不確実なプロスペクトが存在する場合に特定化が最適戦略であるための条件についての Hadar & Seo [6] の結果を紹介する．それから三つのプロスペクトの場合における特定化について考察する．

5.1 特定化についての Hadar & Seo の結果

意思決定者は危険回避型の効用関数を有しているとする．いま，X_1, X_2 で表される一対の不確実な連続型のプロスペクトが存在しているとする．X_i の周辺分布関数（周辺密度関数）を $F_{X_i}(x)$ ($f_{X_i}(x)$) で表し，$F(x_1, x_2)$ ($f(x_1, x_2)$) によって X_1, X_2 の同時分布関数（同時密度関数）を表す．ここで，$|\rho| \neq 1$ である．すべてのプロスペクトは非負であるとする．二つの不確実なプロスペクト X_1, X_2 の分散化された (diversified) ポートフォリオは $P(k) = kX_1 + (1-k)X_2$，$0 < k < 1$ によって定義される．分散化されたポートフォリオ $P(k)$ の分布関数は G によって表され，

$$G(y;k) = \frac{1}{1-k} \int_0^y F_2\left(\frac{x}{k}, \frac{y-x}{1-k}\right) dx \qquad (5.1)$$

によって定義される．ここで，$F_i = \partial F/\partial x_i$ である．Hadar & Seo [6] は上記の式を y について積分することによって，

$$\begin{aligned} H(z;k) &\equiv \int_0^z G(y;k)dy \\ &= \int_0^z F\left(\frac{x}{k}, \frac{z-x}{1-k}\right)dx \end{aligned} \tag{5.2}$$

を得ている．以上の前提のもとで，Hadar & Seo は特定化が最適戦略であるための条件について考察した．X_2 の条件付き期待値を $E(X_2|X_1)$ で表す．このとき，次の定理が成立する．

定理 5.1. X_1 と X_2 は非負の値をとるとする．このとき，X_1 に特定化するのが最適であるということと，すべての z に対して，

$$\int_0^z E(X_2|x)f_{X_1}(x)dx \leq \int_0^z x f_{X_1}(x)dx \tag{5.3}$$

が成立することとは同値である．

証明. 示されなければならないのは，(5.3) が成立すれば，そしてその時に限って，$0 < k < 1$ に対して X_1 が $P(k)$ を SSD[*1] の意味で優越しているということである．SSD の定義より (5.3) が成立すれば，そしてその時に限って，すべての z と $0 < k < 1$ に対して，

$$\int_0^z F_{X_1}(x)dx \leq H(z;k) \tag{5.4}$$

であることが論証されなければならない．証明は二つの部分に分かれて進む．最初に，(5.4) が

$$\lim_{k \to 1} H_k(z;k) \leq 0 \tag{5.5}$$

と同値であることが示される．第二番目の部分は (5.5) と定理の叙述の中で仮定されている不等式 (5.3) との同値を示すことより成立している．

[*1] p.64 を参照．

部分 1 (5.2) において極限をとることによって，Lebesgue の優収束定理から任意の z に対して，

$$\lim_{k \to 1} H(z; k) = \int_0^z F_{X_1}(x) dx \tag{5.6}$$

が導かれる．そうすると H の凸性によって，(5.5) が (5.4) を含意していることは明白である．逆に，(5.4) が成立しているが，$\lim_{k \to 1} H_k(z; k) > 0$ であるとせよ．そうすると $1 - \varepsilon < k < 1$ を満足する k に対して (5.4) における不等式が成立しないような $\varepsilon > 0$ が存在する．ゆえに，(5.4) と (5.5) における不等式は同値である．

部分 2 (5.3) と (5.5) が同値であることを確立するために，$H(z; k)$ を k に関して偏微分する．(5.2) を用いて，

$$H_k(z; k) = -I_1 + I_2 \tag{5.7}$$

を得る．ここで，

$$\begin{aligned} I_1 &= \int_0^z F_1 \left(\frac{y}{k}, \frac{z - y}{1 - k} \right) \frac{y}{k^2} dy \\ &= \int_0^{\frac{z}{k}} F_1 \left(x, \frac{z - kx}{1 - k} \right) x dx \\ &= \int_0^{x/k} \int_0^{(z - kx)/(1 - k)} f(x, t) x dt dx \end{aligned} \tag{5.8}$$

であり，

$$\begin{aligned} I_2 &= \int_0^z F_2 \left(\frac{y}{k}, \frac{z - y}{1 - k} \right) \frac{(z - y)}{(1 - k)^2} dy \\ &= \int_0^{z/(1-k)} F_2 \left(\frac{z - (1 - k)t}{k}, t \right) t dt \\ &= \int_0^{z/(1-k)} \int_0^{[z - (1-k)t]/k} f(x, t) t dx dt \end{aligned} \tag{5.9}$$

である．周辺分布は有限の平均を持っているので，

$$\lim_{k \to 1} I_1 = \int_0^z \int_0^\infty f(x,t) x \, dt \, dx$$
$$= \int_0^z f_{X_1}(x) x \, dx \tag{5.10}$$

であり,

$$\lim_{k \to 1} I_2 = \int_0^\infty \int_0^z f(x,t) t \, dx \, dt$$
$$= \int_0^\infty \int_0^z f(t|x) f_{X_1}(x) t \, dx \, dt$$
$$= \int_0^z E(X_2|x) f_{X_1}(x) \, dx \tag{5.11}$$

であることが示される.ここで, $f(t|x)$ は X_2 の条件付き密度であり, $E(X_2|x)$ は $X_1 = x$ が与えられたときの X_2 の条件付き期待値である.ゆえに,

$$\lim_{k \to 1} H_k(z;k) = \int_0^z E(X_2|x) f_{X_1}(x) \, dx - \int_0^z x f_{X_1}(x) \, dx \tag{5.12}$$

となり,このことは (5.3) と (5.5) が同値であることを示している. (証了)

$f_{X_1}(x) = 0$ である x の値で $f(t|x)$ がゼロであると定義していると指摘されるかもしれないが,集合 $\{x | f_{X_1}(x) = 0\}$ は確率測度ゼロをもっているので,上記の証明は妥当であるとしている.さらに, $t > \sup X_2 = \beta$ に対して, $f(x,t) = 0$ であるので,

$$E(X_2|x) = \int_0^\beta \frac{t f(x,t)}{f_{X_1}(x)} dt$$
$$< \beta \int_0^\beta \frac{f(x,t)}{f_{X_1}(x)} dt$$
$$= \beta \tag{5.13}$$

を得る.しかし, $\beta \leq \inf X_1 = \alpha$ であれば,このとき, $E(X_2|x) < \alpha$ となり,この場合 (5.3) における不等式が成立することは明らかである.以上の推論より, Hadar & Seo は次の系を得ている.

系 5.1. $\sup X_2 \leq \inf X_1$ であれば, X_1 に特定化するのが最適である.

Hadar & Seo は系 5.1 を，二つの不確実なプロスペクトが定義されている領域が重ならなければ，特定化するのが常に最適であると解釈している．このこと自体は直観的には明らかなことと思われる．

さて，二つのプロスペクトが独立であるならば，不等式 (5.3) は，次のように表される．すなわち，すべての $z > \alpha$ に対して，

$$E(X_2)\int_\alpha^z f_{X_1}(x)dx \leq \int_\alpha^z x f_{X_1}(x)dx \tag{5.14}$$

となる．これは $E(X_2) \leq \alpha$ であれば，そしてその時に限って満足される．かくして，Hadar & Seo は次の系を得ている．

系 5.2. X_1 と X_2 が独立であるとする．このとき，X_1 に特定化することが最適であるということと，$E(X_2) \leq \inf X_1$ が成立することとは同値である．

Hadar & Seo は特定化が最適である三つの二変量分布を例として挙げている．すなわち，二変量ガンマ分布，二変量正規分布，および二変量 t 分布である．二変量正規分布の場合，条件付き期待値は $E(X_2|X_1) = E(X_2) + \rho \left(\frac{V(X_2)}{V(X_1)}\right)^{1/2}(X_1 - E(X_1))$ で与えられる．ここで，$V(X_i)$ は X_i の分散を表している．ゆえに，定理 5.1 の不等式で表されている条件は (1) $E(X_1) \geq E(X_2)$, (2) $\rho \geq (V(X_1)/V(X_2))^{1/2}$ となる．二変量正規分布，および二変量 t 分布の場合には分布は全 2 次元実空間の上で定義されている．したがって，これらの場合には，定理 5.1 を適用できないわけであるが，Hadar & Seo は少し修正をすれば，定理 5.1 を全領域の上で定義された分布に対して適用できるとしている．

また，Hadar & Seo はこれらの結果を含めて，n 個のプロスペクトへの拡張の可能性についても言及している．彼らは，系 5.2 の一つの拡張として次の結果を述べている．

系 5.3. $X_1, \ldots, X_n$ は互いに独立に分布しているとする．このとき，X_1 に特定化することが最適であるということと，$j = 2, \ldots, n$ に対して $\inf X_1 \geq E(X_j)$ が成立することとは同値である．

証明． $X_1, \ldots, X_n$ は，非負の独立な確率変数であるとせよ．そうするとポー

トフォリオは $P(k) = k_1 X_1 + k_2 X_2 + \cdots + k_n X_n, 0 \le k_i \le 1, k_1 \ne 1$, そして $\sum_{i=1}^{n} k_i = 1$ によって定義される. $Z \equiv (k_2 X_2 + \cdots + k_n X_n)/(1 - k_1)$ とすると, $P(k) = k_1 X_1 + (1 - k_1)Z$ を得る. $\inf X_1 \ge E(X_j), j = 2, \ldots, n$ であれば, そのとき,

$$\begin{aligned} E(Z) &= \frac{1}{1 - k_1}(k_2 E(X_2) + \cdots + k_n E(X_n)) \\ &\le \frac{1}{1 - k_1}(k_2 + \cdots + k_n) \inf X_1 \\ &= \inf X_1 \end{aligned} \tag{5.15}$$

が成立する. X_1 と Z は独立に分布しているので, 系5.2より X_1 は $P(k)$ を SSD の意味で優越していることがでてくる. 逆に, X_1 に対する特定化が最適であれば, 系5.2を再度用いることによって, $j = 2, \ldots, n$ に対して $\inf X_1 \ge E(X_j)$ を得る. かくして, 系5.2の拡張を得る. (証了)

さらに同様の議論によって系5.1の一つの拡張として次の結果を得ることが可能であるとしている.

系5.4. $i = 2, \ldots, n$ に対して $\sup X_j \le \inf X_1$ が成立すれば, X_1 に特定化することが最適である.

この系も系5.1と同様に直観的には明らかであると思われる. 次節において, 互いに独立に分布していない $n = 3$ の場合について, その中の一つに特定化することが最適であることに対するそれほど自明でないと思われる一つの十分条件を与える.

5.2 特定化問題：三つのプロスペクトの場合

非負の R_0, R_1, R_2 によって表される3つの不確実な連続型のプロスペクトを考える. これらのプロスペクトの同時密度関数を $f(r_0, r_1, r_2)$ とする. 初期資産は1とし, R_0, R_1, R_2 に対して各々 x_0, x_1, x_2 を投資する. ここで, $0 \le$

$x_0, x_1, x_2 \leq 1$, $x_0 + x_1 + x_2 = 1$ とする．また，R_0, R_1, R_2 の有限な平均を，各々 μ_0, μ_1, μ_2 とする．効用関数については，$0 < u' < M < \infty$, $u'' < 0$ を仮定する．このとき，次の定理が成立する．

定理 5.2. $\mu_1 \geq \mu_2, \mu_1 \geq \mu_0$, R_1 が定義されている範囲において，$\frac{dE(R_2|R_1=r_1)}{dr_1} \geq 1$，および $\frac{dE(R_0|R_1=r_1)}{dr_1} \geq 1$ であれば，R_1 に特定するのが最適である．

証明． ポートフォリオ $p = x_0 R_0 + x_1 R_1 + x_2 R_2 = R_0 + x_1(R_1 - R_0) + x_2(R_2 - R_0)$ の期待効用は

$$U(x_1, x_2) = \iiint u(x_0 r_0 + x_1 r_1 + x_2 r_2)$$
$$\cdot f(r_0, r_1, r_2) dr_0 dr_1 dr_2 \qquad (5.16)$$

である．ここで，Hadar & Seo [6] が危険資産の数が二つのときに特定化に対する必要十分条件を導出するために分布関数に関して用いた手法を，この場合にも敷衍して用いる．

いま，x_1 と x_2 の間に次のような関係が成立しているとする．

$$x_2 = a(1 - x_1), \quad 0 \leq a \leq 1. \qquad (5.17)$$

このとき，

$$x_0 R_0 + x_1 R_1 + x_2 R_2$$
$$= \{1 - x_1 - a(1 - x_1)\} R_0 + x_1 R_1 + a(1 - x_1) R_2$$
$$= (1 - x_1)(1 - a) R_0 + x_1 R_1 + a(1 - x_1) R_2 \qquad (5.18)$$

なので，このときのポートフォリオ p の期待効用は

$$U(a, x_1) = \iiint u((1 - x_1)(1 - a) r_0 + x_1 r_1 + a(1 - x_1) r_2)$$
$$\cdot f(r_0, r_1, r_2) dr_0 dr_1 dr_2 \qquad (5.19)$$

となる．$U(a, x_1)$ は任意の x_1 に関して凹なので，x_1 と x_2 の間に (5.17) の関

係が成立するときに，すべての a に対して，

$$\lim_{x_1 \to 1} \frac{dU(a, x_1)}{dx_1} \geq 0 \tag{5.20}$$

であれば，R_1 に特定化するのが最適である．（この条件は，R_1 に特定化するための必要十分条件になっている．）

$$\begin{aligned}
&\lim_{x_1 \to 1} \frac{dU(a, x_1)}{dx_1} \\
&= \lim_{x_1 \to 1} \iiint u'[(1-x_1)(1-a)r_0 + x_1 r_1 + a(1-x_1) \cdot r_2] \\
&\qquad \cdot (r_1 - ar_2 + ar_0 - r_0) f(r_0, r_1, r_2) dr_0 dr_1 dr_2 \\
&= \iiint u'(r_1)(r_1 - ar_2 + ar_0 - r_0) f(r_0, r_1, r_2) dr_0 dr_1 dr_2 \\
&= \int u'(r_1) r_1 f_1(r_1) dr_1 - a \iint u'(r_1) r_2 f(r_1, r_2) dr_1 dr_2 \\
&\quad + (a-1) \iint u'(r_1) r_0 f(r_0, r_1) dr_0 dr_1 \\
&= E[u'(R_1) R_1] - a \int u'(r_1) \cdot E(R_2|R_1 = r_1) f_1(r_1) dr_1 \\
&\quad + (a-1) \iint u'(r_1) \cdot E(R_0|R_1 = r_1) f_1(r_1) dr_1 \\
&= \int u'(r_1)[r_1 - aE(R_2|R_1 = r_1) + (a-1)E(R_0|R_1 = r_1)] f_1(r_1) dr_1 \\
&= E[u'(R_1)] E[R_1 - aE(R_2|R_1) + (a-1)E(R_0|R_1)] \\
&\quad + \text{Cov}\{u'(R_1), \ R_1 - aE(R_2|R_1) + (a-1)E(R_0|R_1)\} \\
&= E[u'(R_1)](\mu_1 - a\mu_2 + (a-1)\mu_0) \\
&\quad + \text{Cov}\{u'(R_1), \ R_1 - aE(R_2|R_1) + (a-1)E(R_0|R_1)\}. \tag{5.21}
\end{aligned}$$

なお，第 6 番目の等式は，たとえば，Macminn [12, p.544] においても用いられている共分散に関する基本的な変形の方法を利用して導出されている．したがって，

$$\mu_1 - a\mu_2 + (a-1)\mu_0 \geq 0, \tag{5.22}$$

かつ，
$$\frac{d\{r_1 - aE(R_2|R_1=r_1) + (a-1)E(R_0|R_1=r_1)\}}{dr_1} \leq 0, \quad (5.23)$$

すなわち，
$$1 \leq a \cdot \frac{dE(R_2|R_1=r_1)}{dr_1} + (1-a) \cdot \frac{dE(R_0|R_1=r_1)}{dr_1} \quad (5.24)$$

であれば，
$$\lim_{x_1 \to 1} \frac{dU(a, x_1)}{dx_1} \geq 0 \quad (5.25)$$

が成立する．

$\mu_1 \geq \mu_2, \mu_1 \geq \mu_0$ であれば，(5.22) が成立する．他方，
$$\frac{dE(R_2|R_1=r_1)}{dr_1} \geq 1, \quad \frac{dE(R_0|R_1=r_1)}{dr_1} \geq 1 \quad (5.26)$$

であれば，(5.24) が成立する． (証了)

R_1, R_2 の二つのプロスペクトのみが存在する場合には，次の定理が成立する．証明は定理 5.2 の証明と同様であるので省略する．

定理 5.3. $\mu_1 \geq \mu_2$ そして，R_1 が定義されている範囲において $\frac{dE(R_2|R_1=r_1)}{dr_1} \geq 1$ であれば，R_1 に特定するのが最適である．

この定理を二変量正規分布に適用してみる．もしも (R_1, R_2) が二変量正規分布に従っているならば，
$$E(R_2|R_1=r_1) = \mu_2 + \left(\rho \frac{\sigma_2}{\sigma_1}\right)(r_1 - \mu_1) \quad (5.27)$$

が成立する．したがって，
$$\frac{dE(R_2|R_1=r_1)}{dr_1} = \rho \frac{\sigma_2}{\sigma_1}. \quad (5.28)$$

ゆえに，$\mu_1 \geq \mu_2, \rho \frac{\sigma_2}{\sigma_1} \geq 1$ であれば，R_1 に特定するのが最適である．ここで，σ_1, σ_2 はそれぞれ，R_1, R_2 の標準偏差を表している．また，ρ は R_1 と R_2 の

相関係数である．この十分条件は，Hadar & Seo においては，二変量正規分布における R_1 に特定するのための必要十分条件として述べられている[*2]．彼らは，この必要十分条件を導くために定理 5.1（Hadar & Seo）を用いている．この定理は，非負の確率変数を前提としているが，彼らは非負でなくても成立することを示唆している．非負の確率変数を前提としている定理 5.3 によっても，この必要十分条件の形が求められることは興味深い．いま，R_1, R_2 が非負の確率変数であるとする．$\mu_1 \neq \mu_2$ であるとする．このとき，定理 5.3 の条件が成立すれば，定理 5.1 の (5.3) が成立することを以下において示しておく．

$r_1^* \equiv \inf\{r_1 | f_1(r_1) > 0\}$ において

$$r_1^* - E(R_2 | R_1 = r_1^*) \leq 0 \tag{5.29}$$

であるとする．$r_1 - E(R_2 | R_1 = r_1)$ が r_1 に関して減少関数であるので，任意の $r_1 (\geq r_1^*)$ に対して，

$$r_1 - E(R_2 | R_1 = r_1) \leq 0 \tag{5.30}$$

となる．したがって，

$$\int_0^\infty r_1 f_1(r_1) dr_1 \leq \int_0^\infty E(R_2 | R_1 = r_1) f_1(r_1) dr_1 \tag{5.31}$$

となり

$$\mu_1 \leq \mu_2 \tag{5.32}$$

が成立する．これは矛盾である．したがって，$r_1 = r_1^*$ において $r_1^* - E(R_2 | R_1 = r_1^*) > 0$ が成立する．さて，ある $z = z_0 (> r_1^*)$ において

$$\int_{r_1^*}^{z_0} r_1 f_1(r_1) dr_1 < \int_{r_1^*}^{z_0} E(R_2 | R_1 = r_1) f_1(r_1) dr_1 \tag{5.33}$$

であるとすると，$r_1 - E(R_2 | R_1 = r_1)$ が r_1 に関して減少関数であるので $z_0 - E(R_2 | R_1 = z_0) < 0$ でなければならない．ゆえに，$z_0 \leq r_1$ であるすべて

[*2] Hadar & Seo [6, p.108] を参照.

の r_1 に対して，$r_1 - E(R_2|R_1 = r_1) < 0$ である．したがって，

$$\int_{z_0}^{\infty} r_1 f_1(r_1) dr_1 < \int_{z_0}^{\infty} E(R_2|R_1 = r_1) f_1(r_1) dr_1 \tag{5.34}$$

となる．(5.33), (5.34) より $\mu_1 < \mu_2$ となり矛盾が生じる．したがって，すべての z に対して，

$$\int_{r_1^*}^{z} r_1 f_1(r_1) dr_1 \geq \int_{r_1^*}^{z} E(R_2|R_1 = r_1) f_1(r_1) dr_1 \tag{5.35}$$

が成立する．なお，上記において，減少関数という場合には，広義の減少関数の意味で用いられている．

第I部 参考文献

[1] Arrow, K. J., 1971, The Theory of Risk Aversion, *Essays in the Theory of Risk Bearing*, Chapter 3, New York; American Elsevier.
[2] DeGroot, M. H., 1970, *Optimal Statistical Decisions*, McGraw-Hill.
[3] Fishburn, P. C. and Kochenberger, G. A., 1979, Two-Piece Von Neumann-Morgenstern Utility Functions, *Decision Sciences*, 10, 503–518.
[4] 福場庸・田畑吉雄・坂上佳隆, 1984, 測定と近似 (I), 大阪大学経済学, 第34巻, 第2・3号, 275–282.
[5] Hadar, J., 1976, Stochastic Dominance for Ranking Ventures: Comments and Extensions, *Omega*, 4, No.2, 181–186.
[6] Hadar, J. and T. K. Seo, 1980, Stochastic Dominance and the Case for Specialization, *Research in Finance*, Vol.2, 99–110.
[7] Hadar, J., 1982, Indirect Preference for Risky Prospects, *Omega*, 10, No.6, 700–702.
[8] Keeney, R. L. and H. Raiffa, 1976, *Decisions with Multiple Objectives*, John Wiley & Sons.
[9] Kihlstrom, R. E., Romer, D., Williams, S., 1981, Risk Aversion with Random Initial Wealth, *Econometrica*, 49, 911–920.
[10] Machina, M. J., 1982, A Stronger Characterization of Declining Risk Aversion, *Econometrica*, 50, 1069–1079.
[11] Machina, M. J., 1982, Expected Utility Analysis without the Independence Axiom, *Econometrica*, 50.
[12] MacMinn, R. D., 1984, A General Diversification Theorem: A Note, *The Journal of Finance*, 541–550.
[13] Menezes, C. F. and Hanson, D. L., 1970, On the Theory of Risk Aversion, *International Economic Review*, 11, 481–487.
[14] Pratt, J. W., 1964, Risk Aversion in the Small and in the Large, *Econometrica*, 32, 122–136.
[15] Quirk, J. P. and Zarley, A. M. eds., 1968, *Papers in Quantitative Economics*, Lawrence, University of Kansas Press.
[16] Ross, S. A., 1981, Some Stronger Measures of Risk Aversion in the Small and in the Large with Applications, *Econometrica*, 49, 621–638.
[17] 坂上佳隆, 1984, 初期資産が確率的である状況のもとでの相対的危険回避と偏相対的危険回避, Discussion Paper, No.4, 摂南大学経営情報学部.
[18] 坂上佳隆, 1993, 屈曲効用関数と危険回避度, 行動計量学, 第20巻, 第1号, 64–70.
[19] Tilley, P. and Eilon, S., 1975, Stochastic Dominance for Ranking Ventures, *Omega*,

3, No.2, 177–184.

第 II 部

リスクのシフトに関する諸問題

第6章

確率優越

最初に一次確率優越順序と二次確率優越順序という確率順序の概念について紹介し,続いて Whitmore [20] によって考えられた三次確率優越順序という確率順序の概念について紹介する.

6.1 一次確率優越と二次確率優越

サポートが $[a,b]$ に含まれていてそれぞれの分布関数が F_1 と F_2 である二つの確率変数 X_1 と X_2 が与えられているとする.このとき,X_1 と X_2 の間におけるよく知られた確率順序の関係として一次確率優越(FSD)順序と二次確率優越(SSD)順序の関係がある.$[a,b]$ に属するすべての x に対して $F_1(x) - F_2(x) \leq 0$ が成立するならば X_1 は X_2 を一次確率優越するといわれ,本書では $X_1 \succsim_{FSD} X_2$ と表される.また $[a,b]$ に属するすべての x に対して,$\int_a^x [F_1(y) - F_2(y)]dy \leq 0$ が成立するならば,X_1 は X_2 を二次確率優越するといわれ,ここでは $X_1 \succsim_{SSD} X_2$ と表される.これらの確率順序と意思決定者の効用関数にある制約を加えた時の意思決定者の選好との間には明確な対応関係がある.$X_1 \succsim_{FSD} X_2$ が成立することと,非減少効用関数を有するすべての意思決定者が X_1 を X_2 よりも選好することとは同値である.また,$X_1 \succsim_{SSD} X_2$

が成立することと，非減少凹効用関数を有するすべての意思決定者が X_1 を X_2 よりも選好することとは同値である．ここで "選好する" と "凹" は弱い意味で用いられている．たとえば，Kroll & Levy [9] を参照せよ．この対応関係については，様々な形のバリエーションが考えられている．さらに証明についても数学的に緻密化を行っているものもある．これらの概念のいろいろな経済モデルへの適用もされている．ここで注意しなければならないのは，この場合上記の同値関係が必ずしも成立しなくなることである．たとえば危険資産以外に無危険資産が存在するポートフォリオ問題を考察する際に，これらの確率優越の各々で成立する同値関係はもはや成立しない．

6.2 三次確率優越

前節の二つの確率順序の他に重要な確率順序が存在する．すなわち，三次確率優越（TSD）順序である．$[a,b]$ に属するすべての x に対して $\int_a^x \int_a^y [F_1(z) - F_2(z)]dzdy \leq 0$ かつ $E(X_1) \geq E(X_2)$ が成立するならば，X_1 は X_2 を三次確率優越するといわれる．Fishburn [4] は $E(X_1) \geq E(X_2)$ という条件は省略できると述べている．三次確率優越順序は最初に Whitmore [20] によって考えられた．Whitmore は TSD シフトと意思決定者の選好関係との間の関係を見出している．しかしながら，FSD と SSD の場合と同じく経済モデルの中ではこの関係は必ずしも成立しない．この第 II 部では種々の経済モデルの中で，TSD シフトと意思決定者の選好関係との間の関係を考察することに主眼が置かれる．この節では以下の各節での議論を展開するための準備として，Whitmore の TSD に関する同値関係の結果を述べておく．

$F(x)$ と $G(x)$ によって二つの累積確率分布を表す．これらのプロスペクトに対応する確率変数は連続型あるいは離散型であるとする．閉区間 $[a,b]$ は両方のプロスペクトの標本空間である．積分は Stieltjes 積分である[*1]．D^* によっ

[*1] Whitmore [20] は Stieltjes 積分 $\int_a^b f(x)dg(x)$ の存在性については，関数 f と g のうちの一つが連続で他方が $[a,b]$ において有界変動を持っていることが十分であるということを述べている．

て 3 回連続微分可能ですべての $x \in [a,b]$ に対して, $u'(x) > 0$, $u''(x) \leq 0$, $u'''(x) \geq 0$ である効用関数 $u(x)$ の集合を表す．ここで，$u_i(x)$ は $u(x)$ の i 番目の導関数を表す．$r'(x)$ $(= \frac{d}{dx}\frac{-u''}{u'}) \leq 0 \Rightarrow u'''(x) \geq 0$ であることに注意すべきである．Whitmore は三次の確率優越に関して次の定理を証明している．

定理 6.1. すべての $x \in [a,b]$ に対して,

$$\int_a^x \int_a^y (F(z) - G(z))dzdy \geq 0 \qquad (6.1)$$

であり，そして

$$\int_a^b (F(y) - G(y))dy \geq 0 \qquad (6.2)$$

であれば，そしてその時に限って D^* に属するすべての効用関数に対してプロスペクト $F(x)$ はプロスペクト $G(x)$ よりも選好されない．

証明. 定理の証明は二段階で行われる．第一に，すべての $x \in [a,b]$ に対して，$\int_a^x \int_a^y (F(z) - G(z))dzdy \geq 0$ であり $\int_\sigma^b (F(y) - G(y))dy \geq 0$ であれば，D_3 に属するすべての効用関数に対してプロスペクト $F(x)$ はプロスペクト $G(x)$ よりも選好されないという含意を検証する．第二に，上記の含意の逆を検証するために，$n > 1$ に対して $H_n(x) = \int_a^x H_{n-1}(y)dy$ とせよ．ここで，$H_1(x) = F(x) - G(x)$ である．［実際には $H_n(x)$ の表現は上記の含意の証明の中でも使われている．］何回か部分積分を実行することによって，次の関係が得られる．［正確には 3 回実行する．］

$$\int_a^b u(x)dH_1(x) = |u(x)H_1(x)|_a^b - |u'(x)H_2(x)|_a^b + |u''(x)H_3(x)|_\alpha^b$$
$$- \int_a^b u'''(x)dH_4(x). \qquad (6.3)$$

$n \geq 1$ に対して，$H_n(a) = 0$ であり，$H_1(b) = 0$ であるので (6.3) は

$$\int_a^b u(x)dH_1(x) = -u'(b)H_2(b) + u''(b)H_3(b) - \int_a^b u'''(x)dH_4(x) \qquad (6.4)$$

と書き表されうる．すべての $x \in [a,b]$ に対して，$u'(x) > 0, u''(x) \leq 0$，そして $u'''(x) \geq 0$ であるので，すべての $x \in [a,b]$ に対して $H_2(b) \geq 0$ であり，すべての $x \in [a,b]$ に対して $H_3(x) \geq 0$ あれば，(6.4) は非正であるということがいえる．[すべての $x \in [a,b]$ に対して，$H_3(x) \geq 0 \Leftrightarrow$ (6.1) であり，$H_2(b) \geq 0 \Leftrightarrow$ (6.2) である．] ゆえに，証明の第一段階は完了した．

逆を証明するために，背理法による証明を用いる．ある定数 $c, a < c \leq b$ に対して，$c < x \leq b$ では $H_3(x) \geq 0$, $a \leq x \leq c$ では $H_3(x) < 0$，そして/あるいは $H_2(b) < 0$ であると仮定する．この場合，$F(x)$ が $G(x)$ よりも選好される $u \in D^*$ が存在することが示される．

たとえば，次の効用関数を考えよう．

$$\begin{aligned} u^*(x) &= P(x) + Q(x), \quad a \leq x \leq c \\ &= P(x), \quad c < x \leq b \end{aligned} \quad (6.5)$$

ここで，$P(x) = -A(c-a)^2 x^2/4 + B(c-a)^2 bx/2 + C$ であり，$Q(x) = -D(c-x)^4/24$ である．

母数 A, B, C，そして，D は $B > A \geq 0$ および $D \geq 0$ の条件にしたがって，自由に選ばれた任意の定数である．u^* を調べると $u^* \in D^*$ であることがわかる．三つの場合がここで考慮されなければならない．これらは以下に列挙されている．

ケース (a)：

$$\begin{aligned} H_3(x) &\geq 0, \quad c < x \leq b \\ H_3(x) &< 0, \quad a \leq x \leq c \\ H_2(b) &\geq 0 \end{aligned} \quad (6.6)$$

ケース (b)：

$$H_3(x) \geq 0, \quad x \in [a,b]$$

$$H_2(b) < 0 \tag{6.7}$$

ケース (c)：

$$H_3(x) \geq 0, \quad c < x \leq b$$
$$H_3(x) < 0, \quad a \leq x \leq c$$
$$H_2(b) < 0 \tag{6.8}$$

u^* に対しては，並び替えの後に，(6.4) は

$$\int_a^b u^*(x)dH_1(x)$$
$$= ((A-B)(c-a)^2 b/2)H_2(b) - (A(c-a)^2/2)H_3(b)$$
$$- \int_a^c D(c-x)dH_4(x) \tag{6.9}$$

と書き表されうる．

ケース (a) においては，A と B を一定に保ち D を十分大きくすることによって，(6.9) は正になる．これは $F(x)$ が $G(x)$ よりも選好されないという要請に矛盾している．同様に，ケース (b) とケース (c) との場合には，A と D を一定に保ち B を十分大きくすることによって，(6.9) は正になる．[たとえば，$H_2(b)$ の係数は (6.4) より $-u_1^*(b)$ であるが，これは $-\frac{P(x)}{dx}|_{x=b} = ((A-B)(c-a)^2 b/2)$ となる．] やはりこれは矛盾である．ゆえに，証明の第二段階は完了した．（証了）

上記の証明は陰伏的に $b > 0$ を仮定している．Whitmore は，これは最もしばしば遭遇する状況であると述べている．さらに，この定理は，証明は少し修正されなければならないが，$b < 0$ と $b = 0$ に対してもやはり成立するとしている．

第7章

Eeckhoudt & Gollierの議論を巡って

　最初に，Eeckhoudt & Gollier [2] の確率順序 MPR とその比較静学について述べる．それから，Landsberger & Meilijson [10]，そしてまた，Eeckhoudt & Gollier の中に現れた確率順序を取り上げる．ここでは，この確率順序を MGPR 順序と呼ぶ．そして Eeckhoudt & Gollier によって用いられた経済モデルの中で MGPR 順序の比較静学を調べる．すなわち，$u' \geq 0$, $u'' \leq 0$, および $u''' \geq 0$ を満たす効用関数 u に対して危険の MGPR シフトが危険に対する最適な選好水準の大きさ（optimum exposure）を一様に（弱い意味で）増加させるための，効用関数に関する十分条件を与える．効用関数に対する制約のみを要請したことに注意すべきである．$E(X_1) = E(X_2)$ のとき，$u' \geq 0$, $u'' \leq 0$, and $u''' \geq 0$ を満たす効用関数 u に対してこの MGPR シフトは危険に対する最適な選好水準の大きさを一様に増加させることが示される．

7.1　確率順序 MPR と比較静学

　Eeckhoudt & Gollier [2] は三つの互いに関連した確率順序，すなわち，FSD 順序，MLR 順序，および MPR 順序について考察している．これらの順序のうち MPR 順序は彼らが提案した順序である．二つの確率変数 X_1 と X_2 のサ

ポートは $[a,b]$ に含まれていると仮定する．X_1 と X_2 の分布関数を各々 $F_1(x)$ と $F_2(x)$ で表すとする．$X_1 \succeq_{MLR} X_2$ と $X_1 \succeq_{MPR} X_2$ の定義は次のごとくである．

定義 7.1（MLR）. $x < c$ を満たすすべての x に対して，$F_1(x) = 0$ であり，$x \geq c$ を満たすすべての x に対して，$F_2(x) = F_2(c) + \int_c^x l(y)dF_1(y)$ であるような $[a,b]$ に属するスカラー c と非負の非増加関数 $l(x)$ が存在するならば，$X_1 \succsim_{MLR} X_2$ が成立しているという．

定義 7.2（MPR）. $x < c$ を満たすすべての x に対して，$F_1(x) = 0$ であり，$x \geq c$ を満たすすべての x に対して，$F_2(x) = l(x)F_1(x)$ であるような $[a,b]$ に属するスカラー c と非負の非増加関数 $l(x)$ が存在するならば，$X_1 \succsim_{MPR} X_2$ が成立しているという．

Eeckhoudt & Gollier は MLR $\Rightarrow$ MPR $\Rightarrow$ FSD が成立することを示している[*1]．彼らによって用いられた意思決定者の期待効用最大化の問題は次のように表せる：

意思決定者は $E[u(z_0 + k_i X_i)] = \int_a^b u(z_0 + k_i x)dF_i(x)$ を最大にするように特定化された危険に対する選好水準の大きさ k_i を選択すると仮定する．ここで，$u(\cdot)$ は彼又は彼女の効用関数であり，z_0 はスカラーであり任意に固定されている．効用関数 u は増加で凹であると仮定する．危険 X_i は確率変数であり，そのサポートは $[a,b]$ ($a \leq 0 \leq b$) に含まれている．$F_i(x)$ は X_i の分布関数である．k_i の最適値は k_i^* と表される．

Eeckhoudt & Gollier によれば，このモデルは非常に一般的で応用範囲が広い．一つの危険資産と一つの無危険資産からなる標準的ポートフォリオ問題はこのモデルの一つの適用例とみなされうると彼らは述べている．このポートフォリオ問題においては，k_i と X_i はそれぞれ危険資産に対するポートフォリオの重みと危険資産の無危険資産に対する超過収益を表す．

[*1] この関係は Kijima & Ohnishi [6] においても示されている．

第7章 Eeckhoudt & Gollier の議論を巡って

Eeckhoudt & Gollier は目的関数 $E[u(z_0 + k_i X_i)]$ の凹性より k_i に対する必要十分条件を

$$E[X_i u'(z_0 + k_i^* X_i)] = 0 \tag{7.1}$$

と書き表している．周知のごとく k_i^* は EX_i と同符号であるとし，EX_1 は正であるという仮定を置いている．分布におけるシフトを MLR 基準を満足するものに限れば，直観的な比較静学の性質 $k_2^* \leq k_1^*$ がすべての危険回避型の個人に対して成立するという Landsberger & Melijson [10] の結果を，次の補題を用いて一般化している．

補題 7.1. $X_1 \succsim_{MPR} X_2$ であれば，すべての $X \geq c$ に対して，$E[X_2|X_2 \leq X] \leq E[X_1|X_1 \leq X]$ が成立する．

証明． 我々はすべての $X > c$ に対して，[補題においては，"すべての $X \geq c$ に対して" とあるので，ここでも同じ表現を用いるべきであろう．]

$$\frac{\int_a^X x dF_2(x)}{F_2(x)} \leq \frac{\int_a^X x dF_1(x)}{F_1(x)} \tag{7.2}$$

が成立することを証明しなければならない．分子を部分積分すると，

$$\frac{\int_a^X F_2(x) dx}{F_2(X)} \geq \frac{\int_a^X F_1(x) dx}{F_1(X)}, \tag{7.3}$$

$[\frac{|xF_2(x)|_a^X - \int_a^X F_2(x)dx}{F_2(X)} \leq \frac{|xF_1(x)|_a^X - \int_a^X F_1(x)dx}{F_1(X)}$ と $F_1(a) = F_2(a) = 0$ より (7.3) が導出される．] あるいは同値的に

$$F_1(X) \int_a^X h(x) F_1(x) dx \geq h(X) F_1(X) \int_a^X h(x) F_1(x) dx \tag{7.4}$$

が成立する．$[X \geq c$ に対して，$F_2(X) = h(X) F_1(X)$ なので] これは

$$h(X) \leq \int_c^X h(x) \eta(x) dx \tag{7.5}$$

と同値である．$[a \leq x < c$ では $F_1(x) = 0$ より成立する．$]$ ここで，$\eta(x) = F_1(x)/\int_c^X F_1(t)dt$ はサポート $[c, X]$ の上の確率分布である．h は非増加関数であるという事実が補題の証明を結論づける．$[h$ は非増加関数であるので $\int_c^X h(x)\eta(x)dx \geq \int_c^X h(X)\eta(x)dx$ であり，$\int_c^X h(X)\eta(x)dx \geq h(X)\int_c^X \eta(x)dx = h(X)$ であるので，(7.5) が成立する．$]$ (証了)

主たる結果は次の定理として表される．

定理 7.1. $X_1 \succsim_{MPR} X_2$ であれば，すべての危険回避型の個人に対して，$k_2^* \leq k_1^*$ が成立する．

証明. 非有界の k_1^* の場合には明白な比較静学的性質を与える．ゆえに，一般性を失うことなく，$k_1^* = 1$（そして，より短い記法のために，$z_0 = 0$）を仮定する．これは

$$E[X_1 u'(X_1)] = 0 \tag{7.6}$$

を与える．

目的関数の凹性によって，$EX_2 u'(X_2)$ が非正であれば，証明は完了する．$k_i(t) = \int_a^t x dF_i(x)$ および $E_i(t) = k_i(t)/F_i(t)$ とする．$E_i(t)$ は X_i の下方の条件付き期待値である．このとき，

$$\begin{aligned} E[X_2 u'(X_2)] &= E[X_2 u'(X_2)] - E[X_1 u'(X_1)] \\ &= \int_a^b X u'(X) dF_2(X) - \int_a^b X u'(X) dF_1(X) \\ &= u'(b)(E[X_2] - E[X_1]) + \int_a^b u''(X)(k_1(X) - k_2(X))dX \end{aligned} \tag{7.7}$$

$[\int_a^b X u'(X) dF_2(X) - \int_a^b X u'(X) dF_1(X) = \int_a^b X u'(X) d(F_2(X) - F_1(X)) = |U'(X) \int_a^X x d(F_2(x) - F_1(x))|_a^b - \int_a^b u''(X)(k_1(X) - k_2(X))dX$ より最後の等式が成立する．$]$ $X_1 \succsim_{MPR} X_2$ は $X_1 \succsim_{FSD} X_2$ を含意しているので $E[X_2]$ は $E[X_1]$ よりも小さい．$[E[X_2]$ は $E[X_1]$ よりも大きくないと述べるほうが良

いだろう．] これは

$$E[X_2 u'(X_2)] \leq \int_a^b u''(X)(F_1(X)E_1(X) - F_2(X)E_2(X))dX \quad (7.8)$$

を含意している．

補題 7.1 によって，X_1 のサポートの中のすべての X に対して $E_2(X)$ は $E_1(X)$ より小さいか等しい．k_1^* は有限なので，X_1 のサポートの下限（これは c で表される）は負でなければならない．［このことは (7.6) より成立する．］これら二つの事実のために，上記の不等式は

$$E[X_2 u'(X_2)] \leq -\int_\sigma^c u''(X)F_2(X)E_2(X)dX$$
$$+ \int_c^b u''(X)E_1(F_1(X) - F_2(X))dX \quad (7.9)$$

を含意している．すべての $X \leq c$ に対して，$E_2(X) \leq (c \leq)0$ なので，これは次に

$$E[X_2 u'(X_2)] \leq \int_c^b u''(X)k_1(X)(1 - h(X))dX \quad (7.10)$$

を含意している．ここで，$h(X) = F_2(X)/F_1(X)$ は 1 よりも大きく非増加である．［(7.9) の右辺第一項は，すべての $X \leq c$ に対して，$E_2(X) \leq (c \leq)0$ なので非正であることより (7.10) が導出される．］

$x_0 = \inf\{x \geq 0 | k_1(x) = 0\}$ によって x_0 を定義する．k_1 は連続であり $k_1(0) < 0$ および $k_1(b) = E[X_1] \geq 0$ であるので，母数 x_0 は存在し唯一である．k_1 は増加であるので，$(x - x_0)k_1(x)$ は $[c,b]$ において非負である．このことは $X < x_0$ に対して，$u''(X)k_1(X)$ が非負であり，$X \geq x_0$ に対して非正であることを含意している．［このことは，$(x - x_0)k_1(x)$ は $[c,b]$ において非負であるということからではなくて，x_0 の定義より出てくる．］$h(X)$ は非増加であるので $(1 - h(X))$ は $X < x_0(X \geq x_0)$ である時にはいつでも $(1 - h(x_0))$ よりも小さい（大きい）．［（小さくない）のほうが良いだろう．］このことはすべての $X \in [c,b]$ に対して，

$$u''(X)k_1(X)(1-h(X)) \leq u''(X)k_1(X)(1-h(x_0)) \tag{7.11}$$

を与える．(7.10) と (7.11) は

$$EX_2u'(X_2) \leq (1-h(x_0))\int_c^b u''(X)k_1(X)dX. \tag{7.12}$$

条件 (7.6) は次のように表されるということがわかる：

$$u'(b)E[X_1] - \int_c^b u''(X)k_1(X)dX = 0. \tag{7.13}$$

[(7.7) における変形と $a \leq x < c$ では $F_1(x) = 0$ となることより成立する．]

ゆえに，条件 (7.12) は

$$EX_2u'(X_2) \leq (1-h(x_0))u'(b)E[X_1] \tag{7.14}$$

と書き表される．$h(x_0) \geq 1$ なので，上記の不等式の右辺は負である．［右辺は非正であると述べるほうが良いだろう．］ （証了）

7.2 リスクにおける MGPR シフトの比較静学

ここでは Landsberger & Meilijson [10] の中に現れた確率順序を考察する．この確率順序は MPR に関する結果を証明するのにも用いられている[2]．本節ではこの確率順序を MGPR と呼ぶ．次に MGPR の定義が上記の MPR の定義における様式と一致するように与えられる．

定義 7.3（MGPR）．$x \leq c$ を満たすすべての x に対して，$F_1(x) = 0$ であり，$x > c$ を満たすすべての x に対して，$\int_a^x F_2(y)dy = h(x)\int_a^x F_1(y)dy$ であ

---

[2] Landsberger & Meilijson [10] においては，$h(x)$ が非増加であることと $E(X_2|X_2 \leq x) \leq E(X_1|X_1 \leq x)$ とは同値であることが示されている．前者の表現，すなわち，$h(x)$ が非増加であることは Landsberger & Meilijson において用いられ，後者の表現（$E(X_2|X_2 \leq x) \leq E(X_1|X_1 \leq x)$）は Eeckhoudt & Gollier [2] において用いられている．

るような $[a,b]$ に属するスカラー c と非負の非増加関数 $h(x)$ が存在するならば，$X_1 \succeq_{MGPR} X_2$ が成立しているという．

$x < c$ を満たす x に対して，$F_2(x) > 0$ が可能であることに注意せよ[*3]．Eeckhoudt & Gollier [2] の補題 3.3 において示されているごとく，MPR $\Rightarrow$ MGPR が成立する．かくして，MGPR は MPR の自然な拡張とみなされる．また，Landsberger & Meilijson において示されているごとく，MGPR $\Rightarrow$ SSD が成立する．

我々は前節において述べられた，Eeckhoudt & Gollier によって用いられたモデルにおいて MGPR 順序の比較静学を考察する．MGPR の比較静学に関する結果を与えるために，次の二つの補題を必要とする．この中の一つの補題，すなわち，補題 7.2 は Eeckhoudt & Gollier の補題 7.1 に対応している．

補題 7.2. $X_1 \succeq_{MGPR} X_2$ であれば，$x > c$ を満たすすべての x に対して，$E_1(x) \geq E_2(x)$ が成立する．ここで，$E_i(x) = \frac{\int_a^x (\int_b^x z dF_i(x))dy}{\int_a^x F_i(y)dy}$．

証明． $E_i(x)$ の分子を二度部分積分することによって，$E_1(x) \geq E_2(x)$ は

$$-\frac{\int_a^x \left(\int_a^y F_2(z)dz\right)dy}{\int_a^x F_2(y)dy} \leq -\frac{\int_a^x \left(\int_a^y F_1(z)dz\right)dy}{\int_a^x F_1(y)dy} \quad (7.15)$$

と表される．$\int_a^x F_2(y)dy = h(x)\int_a^x F_1(y)dy$ より，(7.15) は

$$\int_a^c \left(\int_a^y F_2(z)dz\right)dy + \int_c^x \left(\int_a^y F_2(z)dz\right)dy$$
$$\geq h(x)\int_a^c \left(\int_a^y F_1(z)dz\right)dy + h(x)\int_c^x \left(\int_a^y F_1(z)dz\right)dy \quad (7.16)$$

と表される．(7.16) の左辺の第一項は非負であり，右辺の第一項はゼロである．ゆえに，

[*3] この定義において $x > c$ を $x \geq c$ で置き換えると，$\int_a^c F_2(x)dx = h(c)\int_a^c F_1(x)dx = 0$ なので，$x < c$ を満たす x に対して，$F_2(x) > 0$ が可能でなくなる．

$$\int_c^x \left(\int_a^y F_2(z)dz\right) dy \geq h(x) \int_c^x \left(\int_\alpha^y F_1(z)dz\right) dy \tag{7.17}$$

を証明すれば十分である．$y > c$ を満たすすべての y に対して，$\int_a^y F_2(z)dz = h(y)\int_a^y F_1(z)dz$ なので，(7.17) は

$$h(x) \leq \frac{\int_c^x h(y) \left(\int_\alpha^y F_1(z)dz\right) dy}{\int_c^x \left(\int_a^y F_1(z)dz\right) dy} \tag{7.18}$$

と表される．$h(x)$ は x の非増加関数なので，(7.18) が成立する． (証了)

補題 7.3. $X_1 \succsim_{MGPR} X_2$ を仮定する．このとき，任意の $\alpha > 0$ と $\beta \in R$ に対して，$\alpha X_1 + \beta \succsim_{MGPR} X_2$ が成立する．

証明. $Z_i = \alpha X_i + \beta$ とし，Z_i の分布関数を F_{z_i} とする．$X_i \in [a,b]$ なので，$Z_i \in [\alpha a + \beta, \alpha b + \beta]$．さて，$X_1 \succsim_{MGPR} X_2$ は，$x \leq c$ を満たすすべての x に対して，$\int_a^x F_1(y)dy = 0$ となり，$x > c$ を満たすすべての x に対して，$\int_a^x F_2(y)dy = h(x)\int_a^x F_1(y)dy$ となるようなスカラー $c \in [a,b]$ と非負の非増加関数 $h(x)$ が存在することを含意している．$x = \frac{z-\beta}{\alpha} > c$，すなわち，$z > c\alpha + \beta = c_z$ であるような z を考える．このとき，$z > c_z$ に対して，$F_{z_i}(z) = F_i(\frac{z-\beta}{\alpha})$ なので，

$$\int_{\alpha a+\beta}^z F_{z_2}(y)dy = h_z(z) \int_{\alpha a+\beta}^z F_{z_1}(y)dy \tag{7.19}$$

が成立する．ここで，$h_z(z) = h(\frac{z-\beta}{\alpha})$．さらに $z \leq c_z$ を満たすすべての z に対して，$F_{z_1}(z) = 0$ を得る．$h'_z(z) = \frac{1}{\alpha}h'(\frac{z-\beta}{\alpha})$ なので，$h_z(z)$ は z の非増加関数である．また，構成の仕方より，$h_z(z)$ は非負である．かくして，$Z_1 \succsim_{MGPR} Z_2$．
(証了)

この補題は，MGPR の確率順序づけは正の実数の乗算と実数の加算のもとで閉じていることを示している．さて，我々は MGPR に関する次の比較静学の

結果を得る．

定理 7.2. 効用関数 u は $u' \geq 0$, $u'' \leq 0$, $u''' \geq 0$ を満足していると仮定する．このとき，$u'(z)z$ の $z = b$ における導関数の値が非負であれば，$X_1 \succsim_{MGPR} X_2$ を満たす任意の X_1 と X_2 に対して，$k_1^* \geq k_2^*$ が成立する．

証明． 証明は Eeckhoudt & Gollier の定理 7.1 の証明において用いられたのと同じ推論に従って行う．Eeckhoudt & Gollier によって仮定されているごとく，一般性を失うことなく，$k_1^* = 1$ を仮定し，さらに記法を単純化するために，$z_0 = 0$ を仮定する．また，補題 7.3 のおかげで一般性を失うことなく $F_1(a) = F_2(a) = 0$ を仮定できる．$u'' \leq 0$ なので，$E[X_2 u'(kX_2)]$ は k の非増加関数である．また，k_2^* に対する一次の条件は $E[X_2 u'(k_2^* X_2)] = 0$ と表される．ゆえに，$k_1^* \geq k_2^*$ を証明するためには，$E[X_2 u'(k_1^* X_2)] = E[X_2 u'(X_2)] \leq 0$ を示せば，十分である．Eeckhoudt & Gollier の定理 7.1 の証明の過程において，$E[X_2 u'(X_2)]$ は

$$E[X_2 u'(X_2)] = u'(b)(E(X_2) - E(X_1)) \\ + \int_a^b u''(x) \left[\int_a^x y dF_1(y) - \int_a^x y dF_2(y) \right] dx \quad (7.20)$$

と表されうることが示されている．部分積分を (7.20) の第二項に二度適用することによって第二項は

$$\int_a^b u''(x) \left(\int_a^x y dF_1(y) - \int_a^x y dF_2(y) \right) dx$$
$$= \left[u''(x) \int_a^x \left(\int_a^y (z dF_1(z) - z dF_2(z)) \right) dy \right]_a^b$$
$$\quad - \int_a^b u'''(x) \left(\int_a^x \left(\int_a^y (z dF_1(z) - z dF_2(z)) \right) dy \right) dx$$
$$= u''(b) \int_a^b \left(\int_a^y (z dF_1(z) - z dF_2(z)) \right) dy$$
$$\quad - \int_a^b u'''(x) \left(\int_a^x \left(\int_a^y (z dF_1(z) - z dF_2(z)) \right) dy \right) dx$$

$$= u''(b) \int_a^b (yF_1(y) - yF_2(y))dy - u''(b) \int_a^b \left(\int_a^y (F_1(z) - F_2(z))dz \right) dy$$
$$- \int_a^b u'''(x) \left(\int_a^x \left(\int_a^y (zdF_1(z) - zdF_2(z)) \right) dy \right) dx \quad (7.21)$$

と表される．$X_1 \succsim_{SSD} X_2$ なので，(7.21) の第二項は非正である．

以下において，(7.21) の第一項プラス (7.20) の第一項は非正であることを証明する．(7.21) の第一項に部分積分を適用すると，

$$u''(b) \int_a^b (yF_1(y) - yF_2(y))dy$$
$$= u''(b) \left(\left[y \left(\int_a^y (F_1(z) - F_2(z))dz \right) \right]_a^b - \int_a^b \left(\int_a^y (F_1(z) - F_2(z))dz \right) dy \right)$$
$$= u''(b)b(E(X_2) - E(X_1)) - u''(b) \int_a^b \left(\int_a^y (F_1(z) - F_2(z))dz \right) dy \quad (7.22)$$

となる．

(7.22) の第二項は (7.21) の第二項に等しいので，この項は非正である．他方，(7.22) の第一項プラス (7.20) の第一項は $(u'(b) + u''(b)b)(E(X_2) - E(X_1))$ と表される．$z = b$ における $u'(z)z$ の導関数の値は非負であり，$E(X_1) \geq E(X_2)$．したがって，$(u'(b) + u''(b)b)(E(X_2) - E(X_1))$ は非正である．ゆえに，(7.21) の第一項プラス (7.20) の第一項は非正である．ゆえに，

$$E[X_2 u'(X_2)] \leq - \int_a^b u'''(x) \left(\int_a^x \left(\int_a^y (zdF_1(z) - zdF_2(z)) \right) dy \right) dx \quad (7.23)$$

となる．かくして，補題 7.2 を用いることによって，Eeckhoudt & Gollier の定理 7.1 の証明の中の不等式 (7.10) に対応する次の不等式が成立することが示される．

$$E[X_2 u'(X_2)] \leq - \int_c^b u'''(x) \int_a^x \left(\int_a^y zdF_1(z) \right) dy \cdot (1 - h(x))dx. \quad (7.24)$$

$c < x \leq b$ を満たすすべての x に対して, $f(x) = \int_a^x (\int_a^y z dF_1(z))dy \leq 0$ であれば, 不等式 (7.24) の右辺は非正であり, 証明は完了する. さて, $c < x^* \leq b$ を満たすある x^* に対して $f(x^*) > 0$ であると仮定する. さらに, $x^{**} = \inf(x|f(x) > 0)$ とする. $c \leq 0$ であるので, x^{**} は非負でなければならない. かくして, $f'(x^{**})$ は非負でなければならなく, そしてこのことは $x > x^{**}$ を満たすすべての x に対して $f'(x) > 0$ を含意する. ゆえに, $x > (<)x^{**}$ を満たすすべての x に対して, $f(x) > (\leq)0$ が成立する. かくして, 不等式 (7.24) の右辺は $-(1-h(x^{**}))\int_c^b u'''(x)f(x)dx$ に等しいか, より小さい. このとき, $E[X_1 u'(k_1^* X_1)] = E[X_1 u'(X_1)] = 0$ という一次の条件を用いることによって不等式 (7.24) の右辺は $-(1-h(x^{**}))(-u'(b)E(X_1) + u''(b)\int_a^b (\int_a^x ydF_1(y))dx)$ に等しいか, より小さいことが示される. $E(X_1) = f'(b) > 0$ であり $\int_a^b (\int_a^x ydF_1(y))dx = f(b) > 0$ であるのでこれは非正である. (証了)

この定理は Eeckhoudt & Gollier における主たる結果である定理 7.1 に対応している. 定理 7.1 は, X_2 から X_1 への危険における MPR シフトのもとですべての危険回避者は危険資産に対する需要を減少させないということを示している. 定理 7.2 は, X_2 から X_1 への危険における MGPR シフトのもとで, b での相対的危険回避が 1 に等しいか, より小さいすべての TSD 愛好家は危険資産に対する需要を減少させないということを示している.

注記

(a) Hadar & Seo は SSD に関して次の結果 (Hadar & Seo の定理 3) を得ている.

> a) 効用関数 u は $u' > 0$, $u'' \leq 0$, $u''' \geq 0$ を満たしている ; b) X_i と Y は確率的に独立である, ここで, $i = 1, 2$; c) $E[u(k_i X_i + (1-k_i)Y)]$ は k_i^* で最大化されると仮定する. このとき, 任意の $X_1 \succsim_{SSD} X_2$ に対して $k_1^* \geq k_2^*$ であることと $u'(z)z$ が非減少で凹であることとは同値である.

定理 7.2 において，任意の $X_1 \succsim_{MGPR} X_2$ に対して $k_1^* \geq k_2^*$ を含意している条件は，Hadar & Seo によって得られた上記の結果において任意の $X_1 \succsim_{SSD} X_2$ に対して $k_1^* \geq k_2^*$ 含意している条件よりもある意味で緩やかである点に注意せよ．我々のモデルは Hadar & Seo のモデルの特殊な場合とみなされ，MGPR は SSD よりも強い概念であるので，我々のモデルを標準的なポートフォリオモデルとして考える観点からは，このことは当然の結果である[*4]．

(b) 定理 7.2 において，条件は最適値を必要としない．すなわち，$X_1 \succsim_{MGPR} X_2$ ということ以外には X_1 と X_2 の分布については，何らの制約もない．我々は効用関数についてのみ制約を必要とした[*5]．

$E(X_1) = E(X_2)$ のとき，次の系が成立する．

系 7.1. 効用関数 u は $u' \geq 0$, $u'' \leq 0$, $u''' \geq 0$ を満足していると仮定する．このとき，任意の $X_1 \succsim_{MGPR} X_2$ に対して，$k_1^* \geq k_2^*$ が成立する．

証明． $E(X_1) = E(X_2)$ という事実と定理 7.2 の証明から明らかである．（証了）

注記

(a) $E(X_1) = E(X_2)$ が成立するとき，Landsberger & Meilijson は一つの危険資産と一つの無危険資産というポートフォリオのもとで，二つの条件（このうちの一つは MGPR である）が，すべての危険回避者が危険資産に対する需要を減少させないための必要十分条件であることを示した．系 7.1 によれば，$E(X_1) = E(X_2)$ であるとき，X_2 から X_1 への危険における MGPR シフトを考慮するだけならば，すべての TSD 愛好家はこの MGPR シフトを選好する．

(b) 一つの危険資産と一つの無危険資産（貨幣）というポートフォリオにおい

[*4] 一定の Y の場合を考える．このとき，我々のモデルにおける X_i と z_0 は各々，Hadar & Seo [5] の場合の $X_i - Y$ と Y に対応している．

[*5] 最適値が十分条件の中で用いられることを必要とする，すなわち，X_1 と X_2 の分布についての制約を必要とする SSD に関する結果の例としては，Kira & Ziemba [8] の結果（定理 2.1(b)）が挙げられる．この結果においては，十分条件の中に最適値を必要とする代わりに任意の $x \in [a,b]$ に対して $u'''(x) \geq 0$ ということは必要とされていない．

て危険の平均保存的増大シフト（危険における RS シフト）の場合に Rothschild & Stiglitz [16] によって与えられた対応する十分条件は $u' > 0, u'' < 0$, DARA, そして 1 に等しいか，それよりも小さい非減少の相対的危険回避である．DARA は $u''' \geq 0$ を含意しているので系 7.1 における十分条件は Rothschild & Stiglitz のそれよりも緩やかである．

第8章

二つの危険資産を含むポートフォリオの収益分布のシフトが最適ポートフォリオに与える影響

　本章では，二つの互いに独立な危険資産が存在するポートフォリオ問題について考える．まず，収益分布におけるFSDシフト，平均保存的縮小シフト（MPCシフト），およびSSDシフトの最適ポートフォリオに対する影響に関するHadar & Seoの結果を述べる．次にTSDシフトの最適ポートフォリオに対する影響を検討する．前章の定理7.2と系7.1において，意思決定者の共通の特徴は彼あるいは彼女の効用関数が$u' \geq 0, u'' \leq 0, u''' \geq 0$を満足している点である．ところで，MGPR $\Rightarrow$ SSDなので，MGPR $\Rightarrow$ TSD．さて，効用関数が$u' \geq 0$, $u'' \leq 0, u''' \geq 0$を満足する意思決定者は$X_1 \succeq_{TSD} X_2$が成立する時，そしてその時のみX_1をX_2よりも（弱い意味で）選好する．また，前章におけるモデルは二つの互いに独立な危険資産が存在するポートフォリオ問題の特別な場合とみなされる．かくして，上記の同値関係はこの一般的なポートフォリオ問題においても真であると期待するのは当然であるように思われる．しかし，この一般的なポートフォリオ問題において$X_1 \succeq_{SSD} X_2$であるときその効用関数が$u' \geq 0, u'' \leq 0$を満足する意思決定者はX_2をX_1よりも選好しうるので，この期待は必ずしも正しいとは言い難い．我々は意思決定者の効用関数が$u' \geq 0, u'' \leq 0, u''' \geq 0, u'''' \leq 0$を満足すると仮定する．このとき，意思決定者がこの一般的なポートフォリオ問題において$X_1 \succeq_{TSD} X_2$であるときX_1

を X_2 よりも選好するために効用関数が満足すべき必要十分条件を与える．

8.1 FSD シフト，MPC シフト，および SSD シフトと最適ポートフォリオ（Hadar & Seo の議論）

Hadar & Seo [5] は収益分布における FSD シフト，平均保存的縮小シフト（MPC シフト），および SSD シフトの最適ポートフォリオに対する影響を調べた．MPC シフトは分布の平均を保ちながらその危険を減少させるシフトである．二つの危険資産が存在するポートフォリオの場合に，Hadar & Seo は一つの資産の分布におけるこのシフトがその資産に対する投資の減少を引き起こさないための効用関数に対する必要十分条件を与えた．以下において，すべての収益 X_1, X_2, および Y は Hadar & Seo が仮定しているごとく区間 $[0, M]$ の中にあると仮定する．また，$E[u(k_i X_i + (1-k_i)Y)]$ は k_i^* において最大化されると仮定する．ここで，X_i $(i=1,2)$ と Y は確率的に独立である．Hadar & Seo に従って，$0 < k_i^* < 1$ と $\frac{d^2 E[u(k_i X_i + (1-k_i)Y)]}{dk_i^2}|_{k_i = k_i^*} < 0$ を仮定する．$F_1(x), F_2(x)$, および $G(y)$ は各々 X_1, X_2, および Y の分布関数であるとする．

Hadar & Seo は彼らの定理を証明するために次の補題を用いた．

補題 8.1. 3回微分可能である任意の関数 u に対して以下の関数を定義する：

$$\psi(x; y, k) = u'[kx + (1-k)y](x-y), \tag{8.1}$$

および，

$$\phi(z) = u'(z)z. \tag{8.2}$$

このとき，以下のことが成立する．

(a) ϕ が z に関して非減少であり $u'' \leq 0$ であれば，すべての $y \geq 0$ と $0 < k < 1$ に対して，関数 ψ は x に関して非減少である．

(b) ψ がすべての $y \geq 0$ と $0 < k < 1$ に対して，x に関して非減少であれば，関数 ϕ は z に関して非減少である．

(c) ϕ が z に関して凹であり $u''' \geq 0$ であれば, すべての $y \geq 0$ と $0 < k < 1$ に対して, 関数 ψ は x に関して凹である.

(d) ψ がすべての $y \geq 0$ と $0 < k < 1$ に対して, x に関して凹であれば, 関数 ϕ は z に関して凹である.

証明. 上記の恒等式から,

$$k\psi(x;y,k) = \phi[kx + (1-k)y] - yu'[kx + (1-k)y] \qquad (8.3)$$

が成立することがわかる. x に関して偏微分することによって,

$$k\psi_x = \phi'k - yu''k \qquad (8.4)$$

および,

$$k\psi_{xx} = \phi''k^2 - yu'''k^2 \qquad (8.5)$$

を得る. 最初の二つの叙述 (a) および (b) は (8.4) から導出され, あとの二つの命題は (8.5) から導出される. (証了)

彼らの FSD シフトに関する定理は次のようである.

定理 8.1. (a) 効用関数 u は $u' > 0$, $u'' \leq 0$ を満足している; (b) X_i と Y は確率的に独立である, $i = 1, 2$; (c) $E[u(k_i X_i + (1-k_i)Y)]$ は k_i^* で最大化されると仮定する. このとき, 任意の $X_1 \succsim_{FSD} X_2$ に対して $k_1^* \geq k_2^*$ が成立することと, $u'(z)z$ が非減少であることとは同値である.

証明. 十分性 $\eta(k)$ を

$$\eta(k) = \frac{d}{dk}E[u(kX_1 + (1-k)Y)] - \frac{d}{dk}E[u(kX_2 + (1-k)Y)] \qquad (8.6)$$

によって定義する. このとき, $\eta(k)$ は

$$\eta(k) = \int_0^M \int_0^M u'[kx + (1-k)y](x-y)d[F_1(x) - F_2(x)]dG(y)$$

$$= \int_0^M \int_0^M \psi(x;y,k) d[F_1(x) - F_2(x)] dG(y) \tag{8.7}$$

と書き表される．ここで，ψ は補題 8.1 で定義されている．定理の仮定は補題 8.1 と基礎的な FSD の定理（Fishburn & Vickson [19] また，第 6.1 節を参照）と組み合わせると，すべての y と k に対して，$\int_0^M \psi(x;y,k) d[F_1(x) - F_2(x)] \geq 0$ を含意しているので，すべての k に対して，$\eta(k) \geq 0$ となる．[$\phi(z) = u'(z)z$ が非減少であるので補題 8.1 より $\psi(x;y,k)$ は x に関して非減少であり，基礎的な FSD の定理より $\int_0^M \psi(x;y,k) d[F_1(x) - F_2(x)] \geq 0$ を含意している．] $\eta(k)$ を $k = k_2^*$ で評価することによって $\eta(k_2^*) = d/dk E[u(kX_1 + (1-k)Y)]|_{k=k_2^*} \geq 0$ を得る．[$E[u(k_2X_2 + (1-k_2)Y)]$ は k_2^* で最大化されると仮定されているので，最大化のための一次条件より $d/dk E[u(kX_2 + (1-k)Y)]|_{k=k_2^*} = 0$ となる．] かくして，u の凹性は $k_1^* \geq k_2^*$ を含意している．

必要性 X_2 と Y が結果 $0, \beta$, および α の上で同一の分布に従っているポートフォリオを考えよう．ここで，$0 < \beta < \alpha$ である．これらの結果の確率は X_2, Y に関してはそれぞれ $p, 1-p, 0$ である．資産 X_2 は資産 X_1 によって置き換えられる．ここで，X_1 に関する確率はこれらの結果に対して各々 $p, 0, 1-p$ で与えられる．明らかに $X_1 \succsim_{FSD} X_2$．最初のポートフォリオにおいて二つの資産は同一で独立の分布に従っているので，各資産の最適な割合は 0.5 である．X_2 を X_1 によって置き換えることが投資家に X_1 に対する投資の割合を減少させないようにするならば，0.5 において評価された（X_1 の分布のもとでの）期待効用の導関数は非負でなければならない；すなわち，$E[u'((X_1+Y)/2)(X_1-Y)] \geq 0$ でなければならない．これは次に，すべての p に対して，

$$-\beta u'\left(\frac{\beta}{2}\right) + \alpha u'\left(\frac{\alpha}{2}\right) + (\alpha - \beta)u'\left(\frac{\alpha+\beta}{2}\right)\frac{1-p}{p} \geq 0 \tag{8.8}$$

が成立することを含意していることを示すことができる．[$E[u'((X_1+Y)/2)(X_1-Y)] = -\beta u'(\frac{\beta}{2})p(1-p) + \alpha u'(\frac{\alpha}{2})p(1-p) + (\alpha-\beta)u'(\frac{\alpha+\beta}{2})(1-p)^2 \geq 0$ が成立する．両辺を $p(1-p)$ で除すると (8.8) が得られる．] p を 1 に近づけると，(8.8) はすべての $0 < \beta < \alpha$ に対して，

$$\left(\frac{\alpha}{2}\right) u'\left(\frac{\alpha}{2}\right) \geq \left(\frac{\beta}{2}\right) u'\left(\frac{\beta}{2}\right) \tag{8.9}$$

を含意している．この最後の不等式は $x > 0$ である x に関して $(x/2)u'(x/2)$ は非減少である，すなわち，変数変換後に $u'(z)z$ は $z \geq 0$ である z に関して非減少であることを示している． (証了)

彼らの MPC シフトに関する定理は次のようである．

定理 8.2. (a) 効用関数 u は $u' > 0$, $u'' \leq 0$, $u''' \geq 0$ を満足している；(b) X_i と Y は確率的に独立である，$i = 1, 2$；(c) $E[u(k_i X_i + (1-k_i)Y)]$ は k_i^* で最大化されると仮定する．このとき，任意の $X_1 \succsim_{MPC} X_2$ に対して，$k_1^* \geq k_2^*$ が成立することと $u'(z)z$ が凹であることとは同値である．

証明． **十分性** 定理 8.1 の証明における記法と同じ記法を用いて，

$$\eta(k) = \int_0^M \int_0^M \psi(x;y,k)d[F_1(x) - F_2(x)]dG(y) \tag{8.10}$$

を得る．凹性の仮定は補題 8.1 と組み合わせると，すべての y と k に対して ψ が x に関して凹であることを含意している．[$\phi(z) = u'(z)z$ が凹であり，$u''' \geq 0$ であるので補題 8.1 の (c) より $\psi(x;y,k)$ は x に関して凹である．] そうすると Rothschild & Stiglitz [15] の結果からすべての k に対して，$\eta(k) \geq 0$ が成立する．$\eta(k)$ を $k = k_0^*$ で評価することによって $\eta(k_2^*) = d/dk E[u(kX_1+(1-k)Y)]k = k_2^* \geq 0$ を得る．ゆえに，$k_1^* \geq k_2^*$ が成立する．

必要性 X_2 と Y が五つの結果 $\alpha_1, \alpha_2, \beta_1, \beta_2$ および 0 の上で同一の分布に従っているポートフォリオを考えよう．ここで，$0 < \beta_2 < \beta_1 < \alpha_1 < \alpha_2$ であり，$\alpha_1 + \beta_1 = \alpha_2 + \beta_2$ である．これらの結果の確率は X_2, Y に関してはそれぞれ $0, p, 0, p, 1-2p$ であり，$0 < p < 0.5$ である．資産 X_2 は資産 X_1 によって置き換えられる．ここで，X_1 に関する確率は，これらの結果に対して各々 $p, 0, p, 0, 1-2p$ で与えられる．$X_1 \succsim_{MPC} X_2$ であることが確証されうる．$[\int_0^x F_1(y)dy = (1-2p)x$ $(0 \leq x < \beta_1)$, $(1-p)x - p\beta_1$ $(\beta_1 \leq x < \alpha_1)$, $x - (\alpha_1 + \beta_1)p$ $(\alpha_1 \leq x)$ であり，$\int_0^x F_2(y)dy = (1-2p)x$ $(0 \leq x < \beta_2)$,

第 8 章 二つの危険資産を含むポートフォリオの収益分布のシフトが最適ポートフォリオに与える影響

$(1-p)x - p\beta_2$ $(\beta_2 \leq x < \alpha_2)$, $x - (\alpha_2+\beta_2)p$ $(\alpha_2 \leq x)$ である．したがって，すべての $0 \leq x$ である x に対して，$\int_0^x F_1(y)dy - \int_0^x F_2(y)dy \leq 0$ が成立する．たとえば，$\alpha_1 \leq x < \alpha_2$ においては，$\int_0^x F_1(y)dy - \int_0^x F_2(y)dy = x - (\alpha_1+\beta_1)p - ((1-p)x - p\beta_2) = px - (\alpha_1+\beta_1-\beta_2)p = px - (\alpha_2+\beta_2-\beta_2)p = px - p\alpha_2 < 0$ となる．さらに，$E(X_1) = E(X_2)$ であるので，$X_1 \succsim_{MPC} X_2$ がいえる.] X_2 と Y を含む最初のポートフォリオにおいて最適な割合は 0.5 であるので，X_2 を X_1 によって置き換えることが投資家に X_1 に対する投資の割合を減少させないようにするならば，$E[u'((X_1+Y)/2)(X_1-Y)] \geq 0$ でなければならない．かくして，

$$\lim_{p \to 0} \frac{1}{1-2p} E\left[u'\left(\frac{X_1+Y}{2}\right)(X_1-Y)\right]$$
$$= \beta_1 u'\left(\frac{\beta_1}{2}\right) - \beta_2 u'\left(\frac{\beta_2}{2}\right) - \alpha_2 u'\left(\frac{\alpha_2}{2}\right) + \alpha_1 u'\left(\frac{\alpha_1}{2}\right)$$
$$\geq 0 \tag{8.11}$$

が成立することが示されうる．[期待値の構成要素のうち p^2 が含まれる項は $\lim_{p \to 0} \frac{p^2}{p(1-2p)} = 0$ なので，無視することができる．]

さて．$s = \beta_2/2$, $t = \beta_1/2$, $v = \alpha_1/2$, $w = \alpha_2/2$ と定義すると，$s < t < v < w$ である．さらに，$\phi(z) = u'(z)z$ とする．($\beta_1 - \beta_2 = \alpha_2 - \alpha_1$ なので) $t - s = w - v$ ということに注意すると (8.11) における不等式は $(\phi(t) - \phi(s))/(t-s) \geq (\phi(w) - \phi(v))/(w-v)$ というように書き表される．$s \to t$ および $w \to v$ とすることによってすべての $t < v$ に対して，$\phi'(t) \geq \phi'(v)$ を得る．このことは $\phi(z) = u'(z)z$ が z に関して凹であることを示している．

(証了)

彼らによれば，SSD シフトは FSD シフトと MPC シフトの組み合わせと考えることができる．具体的には，次の補題において定式化されている．

補題 8.2. 確率変数 X と Y が $X \succsim_{SSD} Y$ を満足することと，$X \succsim_{MPC} Y$ および $W \succsim_{FSD} Y$ であるような確率変数 W が存在することとは同値である．

証明. $X \succsim_{SSD} Y$ という叙述は $Y \sim (X+Z)$ という叙述と同値である[*1]．ここで，すべての x に対して，$E(Z|x) \leq 0$ である（Fishburn & Vickson [19]）．$W = X+Z-E(Z|x)$ とせよ．そうするとすべての x に対して，$E[Z-E(Z|x)|x] = 0$ なので $W \succsim_{MPS} X$ である；すなわち，W は "X プラス雑音" として分布している（Rothschild & Stiglitz [15]）．同時に $Y \sim [W + E(Z|x)]$ であることがわかる．すべての x に対して，$E(Z|x) \leq 0$ であるので，$W \succsim_{FSD} Y$ であることは明白である．逆は明白である． (証了)

彼らの SSD シフトに関する定理は次のようである．

定理 8.3. (a) 効用関数 u は $u' > 0$, $u'' \leq 0$, $u''' \geq 0$ を満足している；(b) X_i と Y は確率的に独立である，$i = 1, 2$；(c) $E[u(k_i X_i + (1-k_i)Y)]$ は k_i^* で最大化されると仮定する．このとき，任意の $X_1 \succsim_{SSD} X_2$ に対して，$k_1^* \geq k_2^*$ が成立することと $u'(z)z$ が非減少でありかつ凹であることとは同値である．

証明. この定理は定理 8.1 と 8.2 および補題 8.2 より直接導出される． (証了)

8.2 二つの危険資産が存在するポートフォリオの収益分布の TSD シフトが最適ポートフォリオに与える影響

ここでは TSD シフトの最適ポートフォリオに対する影響を調べる．具体的には，一つの資産の分布における TSD シフトがその資産に対する投資の減少を引き起こさないための効用関数に関する必要十分条件を与える．以下において，すべての収益 X_1, X_2, および Y は Hadar & Seo [5] が仮定しているごとく区間 $[0, M]$ の中にあると仮定する．また，$E[u(k_i X_i + (1-k_i)Y)]$ は k_i^* において最大化されると仮定する．ここで，X_i ($i = 1, 2$) と Y は確率的に独立である．Hadar & Seo に従って，$0 < k_i^* < 1$ と $\frac{d^2 E[u(k_i X_i + (1-k_i)Y)]}{dk_i^2}|_{k_i = k_i^*} < 0$ を仮定する．$F_1(x), F_2(x)$, および $G(y)$ は各々 X_1, X_2, および Y の分布関数

[*1] $Y \sim (X+Z)$ は Y の分布と $X+Z$ の分布が等しいということを表している．

であるとする．次の定理において TSD シフトに対して効用関数に関する必要十分条件を与える．

定理 8.4. 効用関数 u は $u' \geq 0$, $u'' \leq 0$, $u''' \geq 0$, $u'''' \leq 0$ を満足すると仮定する．このとき，任意の $X_1 \succeq_{TSD} X_2$ に対して，$k_1^* \geq k_2^*$ が成立することと $\phi'(z) \geq 0$, $\phi''(z) \leq 0$, $\phi'''(z) \geq 0$ が成立することとは同値である．ここで，$\phi(z) = u'(z)z$ である．

証明． 証明は，定理 8.1 と定理 8.2 (Hadar & Seo) において用いられた推論と同じようになされる．

十分性 $\eta(k) = \frac{dE[u(kX_1+(1-k)Y)]}{dk} - \frac{dE[u(kX_2+(1-k)Y)]}{dk}$ によって $\eta(k)$ を定義する．このとき，$\eta(k)$ は

$$\eta(k) = \int_0^M \left(\int_0^M u'(kx + (1-k)y)(x-y)d(F_1(x) - F_2(x)) \right) dG(y)$$

$$= \int_0^M \left(\int_0^M \psi(x)d(F_1(x) - F_2(x)) \right) dG(y) \tag{8.12}$$

と表される．ここで，$\psi(x) = u'(kx+(1-k)y)(x-y)$ である．仮定より，ϕ は z に関して非減少でありかつ $u'' \leq 0$ である．ゆえに，補題 8.2 (Hadar & Seo) より，ψ は $y \geq 0$ と $0 < k < 1$ を満たすすべての y と k に対して，x に関して非減少である．仮定より，ϕ は z に関して凹であり，かつ，$u''' \geq 0$ である．ゆえに，補題 8.2 より ψ は $y \geq 0$ と $0 < k < 1$ を満たすすべての y と k に対して，x に関して凹である．さらに，

$$\psi'''(x) = k^2[\phi'''(kx+(1-k)y) - yu''''(kx+(1-k)y)] \tag{8.13}$$

が成立する．$\phi'''(z) \geq 0$ であり $u'''' \leq 0$ なので，$y \geq 0$ と $0 < k < 1$ を満たすすべての y と k に対して，$\psi''' \geq 0$ となる．したがって，$X_1 \succeq_{TSD} X_2$ という仮定は，すべての k に対して，$\eta(k) \geq 0$ を含意している．かくして，$\eta(k_2^*) \geq 0$ であり，このことは $k_1^* \geq k_2^*$ を含意している．

必要性 FSD $\Rightarrow$ TSD なので，Hadar & Seo の証明の必要性に関する部分

（定理 8.1）は TSD $\Rightarrow \phi'(z) \geq 0$ を含意している．同様に，MPC $\Rightarrow$ SSD $\Rightarrow$ TSD なので，Hadar & Seo の証明の必要性に関する部分（定理 8.2）は TSD $\Rightarrow \phi''(z) \leq 0$ を含意している．

以下において，$\phi'''(z) \geq 0$ を証明する．次のような X_2, X_1，および Y の分布を考える．

	p	p	p	p	$1-4p$
X_2, Y	α_2	β_2	γ_2	δ_2	0
X_1	α_1	β_1	γ_1	δ_1	0

ここで，X_2 と Y は i.i.d. の確率変数であり，$0 < \alpha_2 < \alpha_1 < \beta_1 < \beta_2 < \gamma_1 < \gamma_2 < \delta_2 < \delta_1$，$\alpha_1 - \alpha_2 = \beta_2 - \beta_1 = \gamma_2 - \gamma_1 = \delta_1 - \delta_2$ そして $\alpha_1 - \beta_1 = \gamma_2 - \delta_2$ である．構成の仕方より，$X_1 \succeq_{TSD} X_2$ である．$E(X_1) = E(X_2)$ であることに注意せよ．$k_1^* \geq k_2^*$ なので，$E[u'((X_1+Y)/2)(X_1-Y)] \geq 0$ となる．ゆえに，

$$\lim_{p \to 0} \frac{1}{p(1-4p)} E[u'((X_1+Y)/2)(X_1-Y)]$$
$$= u'(\alpha_1/2)\alpha_1 - u'(\alpha_2/2)\alpha_2 + u'(\beta_1/2)\beta_1 - u'(\beta_2/2)\beta_2$$
$$+ u'(\gamma_1/2)\gamma_1 - u'(\gamma_2/2)\gamma_2 + u'(\delta_1/2)\delta_1 - u'(\delta_2/2)\delta_2$$
$$\geq 0 \qquad (8.14)$$

となる．ゆえに，

$$\frac{\phi(\alpha_1/2) - \phi(\alpha_2/2)}{\alpha_1 - \alpha_2} - \frac{\phi(\gamma_2/2) - \phi(\gamma_1/2)}{\gamma_2 - \gamma_1}$$
$$\geq \frac{\phi(\beta_2/2) - \phi(\beta_1/2)}{\beta_2 - \beta_1} - \frac{\phi(\delta_1/2) - \phi(\delta_2/2)}{\delta_1 - \delta_2} \qquad (8.15)$$

となる．

(8.15) において，$\alpha_2 \to \alpha_1$, $\beta_2 \to \beta_1$, $\gamma_1 \to \gamma_2$，および $\delta_1 \to \delta_2$ とする．このとき，

$$\phi'(\alpha_1/2) - \phi'(\gamma_2/2) \geq \phi'(\beta_1/2) - \phi'(\delta_2/2) \qquad (8.16)$$

第8章 二つの危険資産を含むポートフォリオの収益分布のシフトが最適ポートフォリオに与える影響

を得る．すなわち，

$$\phi'(\delta_2/2) - \phi'(\gamma_2/2) \geq \phi'(\beta_1/2) - \phi'(\alpha_1/2) \tag{8.17}$$

が成立する．それゆえに，

$$\frac{\phi'(\delta_2/2) - \phi'(\gamma_2/2)}{\delta_2 - \gamma_2} \geq \frac{\phi'(\beta_1/2) - \phi'(\alpha_1/2)}{\beta_1 - \alpha_1} \tag{8.18}$$

となる．$\delta_2 - \gamma_2 = \beta_1 - \alpha_1$ という関係を保って $\gamma_2 \to \delta_2$，および $\beta_1 \to \alpha_1$ とすることによって，任意の $\alpha_1 < \delta_2$ に対して，

$$\phi''(\delta_2/2) \geq \phi''(\alpha_1/2) \tag{8.19}$$

を得る．ゆえに，$\phi'''(z) \geq 0$ が成立する． (証了)

注記

絶対的危険回避関数と相対的危険回避関数をこれらの関数が定義可能である場合に，各々 $R_A(z)$ と $R_R(z)$ によって表す．このとき，Hadar & Seo によれば，$\phi'(z) \geq 0$ が成立することと，すべての非負の z と b に対して，$[R_R(z+b) - bR_A(z+b)] \leq 1$ が成立することとは同値であり，後者はまた，$z \geq 0$ を満たすすべての z に対して，$R_R(z) \leq 1$ が成立することと同値である．彼らは，さらに，$\phi''(z) \leq 0$ が成立することと，すべての z に対して，$R_A(z)[R_R(z) - 1] \leq R'_R(z)$ が成立することとは同値であり，後者はまた，すべての z に対して，$R_A(z)[R_R(z) - 2] \leq zR'_A(z)$ が成立することと同値であるということを示している．

さて，プルーデンス関数と相対的プルーデンス関数をこれらの関数が定義可能である場合に，各々 $P_A(z) \equiv -\frac{u'''(z)}{u''(z)}$ と $P_R(z) \equiv -z\frac{u'''(z)}{u''(z)}$ によって表す[*2]．このとき，$\phi'''(z) \geq 0$ が成立することと，すべての z に対して，$P_A(z)[P_R(z) - 2] \leq P'_R(z)$ が成立することとは同値であり，後者はまた，すべての z に対して，

[*2] これらの関数については，Kimball [7] を参照せよ．

$P_A(z)[P_R(z) - 3] \leq zP'_A(z)$ が成立することと同値である.

次章において，関連したシフトについて議論する.

第9章

決定的変換

最初に2種類の決定的変換,すなわち,一次変換(FSD変換)と二次変換(SSD変換)とそれらの比較静学についての Ormiston [14] による考察について紹介し,続いて三次変換(TSD変換)とその比較静学について考察する.

9.1 一次および二次の変換と比較静学

確率変数 X は $[0, M]$ に含まれていると仮定する.そして $F(x)$ は X の分布関数であるとする.Ormiston [14] は2種類の決定的変換,すなわち,FSD変換と SSD 変換について考察した.変換 $t(x)$ は非減少,連続,そして断片的に(piecewise)微分可能であるとせよ.このとき,FSD 変換と SSD 変換の定義は以下のようである.

定義 9.1(FSD 変換). 変換 $t(X)$ によって与えられる確率変数は,関数 $m(x) \equiv t(x) - x$ がすべての $x \in [0, M]$ に対して,$m(x) \geq 0$ を満たすならば,X を一次確率優越する(FSD).

定義 9.2(SSD 変換). 変換 $t(X)$ によって与えられる確率変数は,関数 $m(x) \equiv t(x) - x$ がすべての $x \in [0, M]$ に対して,$\int_0^x m(y)dF(y) \geq 0$ を満たすなら

ば，X を二次確率優越する（SSD）．

これらの定義が整合的であることは次の Meyer [12] の結果によって確認できる．いま，非減少で，連続かつ，断片的に微分可能な関数 $m(x)$ と $n(x)$ を考える．Meyer は変換 $m(x)$ と $n(x)$ によって $y = m(X)$ が $z = n(X)$ を一次確率優越するのはどのような変換の場合であるかということを調べた．その結果は次の定理にまとめられている．

定理 9.1. 密度 $f(x)$ と区間 $[a,b]$ の中のサポートを有する確率変数 X が与えられて，$[a,b]$ の中のすべての x に対して，$(m(x) - n(x))f(x) \geq 0$ であれば，そしてその時に限って確率変数 $y = m(X)$ は $z = n(X)$ を一次確率優越する．

Meyer の二次確率優越に関する結果は次のようである．

定理 9.2. 密度 $f(x)$ と区間 $[a,b]$ の中のサポートを有する確率変数 X が与えられて，$[a,b]$ の中のすべての x に対して，$\int_a^x [(m(s) - n(s)]f(s)ds \geq 0$ であれば，そしてその時に限って確率変数 $y = m(X)$ は $z = n(X)$ を二次確率優越する．

証明. $Eu(\theta) = Eu[n(X) + \theta(m(X) - n(X))]$ を定義せよ．かくして，$Eu(0) = Eu(n(X))$ であり，$Eu(1) = Eu(m(X))$ である．$Eu(1) - Eu(0)$，すなわち，$Eu(m(X)) - Eu(n(X))$ の符号をきめるためには $[0, 1]$ におけるすべての θ に対して $dEu(\theta)/d\theta$ の符号を決めれば十分である．さて，$dEu(\theta)/d\theta = E[u'(n(X) + \theta(m(X) - n(X))) \cdot [m(x) - n(x)]$ である．これを部分積分することによって

$$[u'(n(b) + \theta(m(b) - n(b)))] \cdot \int_a^b [(m(s) - n(s)) \cdot f(s)ds$$
$$- \int_a^b u''(n(x) + \theta(m(x) - n(x)) \cdot (n'(x) + \theta(m'(x) - n'(x)))$$
$$\cdot \int_a^x [(m(s) - n(s)]f(s)dsdx \tag{9.1}$$

を得る．述べられている条件は $[0, 1]$ におけるすべての θ に対してこの表現の符号を決めるのに十分である．$[n'(x) + \theta(m'(x) - n'(x)) = \theta m'(x) + (1 - \theta)n'(x)$

となるが，$0 \leq \theta \leq 1$ であり，かつ $m'(x) \geq 0, n'(x) \geq 0$ なので右辺は非負となる．ゆえに，(9.1) は非負となる．］ゆえに，十分性は証明された．

必要性を示すために，一つの構築された効用関数を用いる背理法による証明が採用される．第一に $Eu(\theta)$ は θ に関して凹であることに注意せよ．かくして，$\theta = 0$ において $dEu(\theta)/d\theta > 0$ であることが $Eu(m(X)) > Eu(n(X))$ が成立するために必要である．すなわち，$Eu'(m(X)) \cdot (n(X) - m(X)) > 0$ が成立することが要求される．定理における条件がある点 x_1 で成立しないと仮定しよう．そうするとその区間の上では $m(x) - n(x) < 0$ で，$\int_a^{x_0}[(m(s)-n(s)]f(s)ds \leq 0$ が成立し，かつ $\int_\alpha^{x_1}[(m(s)-n(s)]f(s)ds < 0$ であるような非退化区間 $[x_0, x_1]$ が存在している．$u(x)$ を $x < x_0$ に対しては $u'(x) = 1$，$[x_0, x_1]$ に属する x に対しては $u'(x) = (x_1 - x)/(x_1 - x_0)$，そして $x > x_1$ に対しては $u'(x) = 0$ であると定義する．そうすると $\theta = 0$ において $dEu(\theta)/d\theta < 0$ であり，この効用関数に対しては $Eu(m(X)) < Eu(n(X))$ となる[*1]．　　　　　　（証了）

上記の定理 9.1 と定理 9.2 によって，非減少の $t(x)$ に対しては $m(x)$ は，$t(X) \succeq_{FSD} X$ $(t(X) \succeq_{SSD} X)$ ならば，そしてその時に限って定義 9.1 の条件（定義 9.2 の条件）を満足していることがわかる．

Ormiston はこれらの決定的変換の比較静学について考察している．いま，k^* を

$$Eu(z) = \int_0^M u(z)dF(x). \tag{9.2}$$

を最大にする k の値とする．ここで，$z \equiv z(k, x)$ であり，$z_{kk} < 0$ である．効用関数は 3 回連続微分可能で，$u'(z) \geq 0$ かつ $u''(z) \leq 0$ であると仮定している．さらに (9.2) に対する内点解が存在すると仮定している．Ormiston によれば，これを保証する一つの条件は，すべての $x \in [0, M]$ に対して，ある有限の k において $z_k = 0$ が満足されることである[*2]．Ormiston は $\eta(k, \theta)$ を

[*1] 必要条件に関する証明の部分はあまり厳密ではないように思われるが，ここでは詳細には立ち入らない．

[*2] $m(x)$ が単調関数であるとするならば，このとき，これらの変換は単純変換と呼ばれるだろう．単純変換の比較静学については考察しない．

$$\eta(k,\theta) = \int_0^M \phi(k, x+\theta m(x))dF(x) \tag{9.3}$$

によって定義した.ここで,$0 \leq \theta \leq 1$ であり $\phi \equiv u'(z)z_k$ である.このとき,$k=k(\theta)$ は $\eta(k,\theta)=0$ によって定義される.Ormiston によれば,$\eta_\theta(k^*,0)$ の符号が重要である.具体的には,$\eta_\theta(k^*,0) \geq 0 (\leq 0)$ は $k'(0) \geq 0 (\leq 0)$ を含意しており,後者は次に選択変数の最適値が増加する(減少する)ことを含意している[*3].FSD 変換に関しては,Ormiston は次の結果を得ている.

定理 9.3. すべての k と x に対して,$\phi_x(k,x) \geq 0\ (\leq 0)$ であれば,任意の FSD 変換に対して選択変数の最適値は増加する(減少する)[*4].

証明. $\eta_\theta(k^*,0)$ は

$$\eta_\theta(k^*,0) = \int_0^M \phi_x(k^*,x)m(x)dF(x) \tag{9.4}$$

と表される.$m(x) \geq 0$ が FSD 変換に対して必要とされているので,ϕ_x が一定の符号を有することが,η_θ の符号を決定するのに十分である.　　　　(証了)

また,SSD 変換に関しては,Ormiston は次の結果を得ている.

定理 9.4. すべての k と x に対して,$\phi_x(k,x) \geq 0\ (\leq 0)$ であり,かつ $\phi_{xx}(k,x) \leq 0\ (\geq 0)$ であれば,任意の SSD 変換に対して選択変数の最適値は増加する(減少する).

証明. 部分積分することによって $\eta_\theta(k^*,0)$ は

$$\eta_\theta(k^*,0) = \int_0^M \phi_x(k^*,x)m(x)dF(x)$$

[*3] 以降においては "増加" と "減少" という用語は弱い意味で用いられる.

[*4] 原論文では $\phi_x(k,x)$ は $\phi_x(k^*,x)$ となっているが,任意の FSD 変換に対する言明であるので,この k^* は任意の値をとると実質的にはみなせるであろうから,ここでは k を用いている.このことは次の SSD 変換と TSD 変換の場合についてもあてはまる.

$$= \phi_x(k^*, b)\int_0^M m(x)dF(x) - \int_0^M \phi_{xx}(k^*, x)\int_0^x m(s)dF(s)dx \tag{9.5}$$

となる．$\int_0^M m(x)dF(x) \geq 0$ が SSD 変換に対して必要とされているので，$\phi_x \cdot \phi_{xx} \leq 0$ が η_θ の符号を決定するのに十分である．[$\phi_x \cdot \phi_{xx} \leq 0$ は $\phi_x \geq 0$ かつ $\phi_{xx} \leq 0$ であるか，または $\phi_x \leq 0$ かつ $\phi_{xx} \geq 0$ であるということと同値である．前者の場合 $\eta_\theta(k^*, 0)$ は非負となり，後者の場合には非正となる．]

(証了)

9.2 三次変換と比較静学

以降 $t(x)$ は凹であると仮定する．もう一歩進んで TSD 変換を次のように定義する．

定義 9.3（TSD 変換）． 変換 $t(X)$ によって与えられる確率変数は，関数 $m(x) \equiv t(x) - x$ が以下の条件を満足するならば，X を三次確率優越する（TSD）：

(a) $\int_0^M m(x)dF(x) \geq 0$,

(b) すべての $x \in [0, M]$ に対して，

$$\int_0^x \left(\int_0^y m(z)dF(z)\right) dy \geq 0.$$

条件 (a) は，変換後の確率変数 X の期待値は変換前の期待値よりも大きいか等しいということを述べている．FSD 変換と SSD 変換の定義は期待値についての仮定は含んでいないが TSD 変換の定義は含んでいることに注意する必要がある．

非減少で凹の $t(x)$ が定義 9.3 において TSD 変換と呼ばれている理由は非減少の $t(x)$ が定義 9.1 および定義 9.2 においてそれぞれ FSD 変換，SSD 変換と

呼ばれている理由とほぼ同様である．非減少で凹の $t(x)$ に対して，$m(x)$ が定義 9.3 における条件を満たすならば，このとき，$t(X) \succeq_{TSD} X$ となることが示される*5．

以下において，前節において Ormiston [14] によって用いられた経済的決定モデルにおける TSD 変換の比較静学を考察する*6．TSD 変換に関しては，次の結果を得る．

定理 9.5. すべての k と x に対して，$\phi_x(k,x) \geq 0\ (\leq 0)$, $\phi_{xx}(k,x) \leq 0\ (\geq 0)$, そして $\phi_{xxx}(k,x) \geq 0\ (\leq 0)$ であれば，任意の TSD 変換に対して選択変数の最適値は増加する（減少する）*7．

証明. $\eta_\theta(k^*, 0)$ は

$$\eta_\theta(k^*, 0) = \int_0^M \phi_x(k^*, x) m(x) dF(x) \tag{9.6}$$

と表される．(9.6) の右辺を二度部分積分すると，

$$\begin{aligned}\eta_\theta(k^*, 0) = {} & \phi_x(k^*, M) \int_0^M m(x) dF(x) \\ & - \phi_{xx}(k^*, M) \int_0^M \left(\int_0^x m(y) dF(y) \right) dx \\ & + \int_0^M \phi_{xxx}(k^*, x) \left[\int_0^x \left(\int_0^y m(z) dF(z) \right) dy \right] dx. \end{aligned} \tag{9.7}$$

TSD 変換は $\int_0^M m(x) dF(x) \geq 0$ とすべての $x \in [0,M]$ に対して，$\int_0^x (\int_0^y m(z) dF(z)) dy \geq 0$ を含意しているので，$\phi_x \geq 0\ (\leq 0)$, $\phi_{xx} \leq 0\ (\geq 0)$,

---

*5 証明は SSD 変換の場合と同様になされ得る．Meyer [12] の定理 9.2 における十分性の証明を参照せよ．我々は $t(x)$ の凹性の仮定を必要とし，逆の証明には成功していない．

*6 $m(x)$ が単調関数であるとするならば，このとき，TSD 変換は単純 TSD 変換と呼ばれるだろう．前節と同じくここでも単純 TSD 変換の比較静学については考察しない．

*7 この定理を証明するために $t(x)$ の凹性は必要とされてはいない．かくして，この定理は実際には TSD 変換よりも弱い順序づけのもとで成立する．このことはやはり定理 9.6 についてもあてはまる．

そして $\phi_{xxx} \geq 0 (\leq 0)$ は $\eta\theta(k^*, 0) \geq 0 \ (\leq 0)$ を含意している．ゆえに，選択変数の最適値は増加（減少）する． (証了)

この定理は，危険の TSD 変換に対して一様に（unambiguously）選択変数 k の最適値が増加（減少）するための効用関数に関する十分条件を示している．

次に，Sandmo [18] の二期間消費—投資問題の場合に将来の所得の TSD 変換の消費に対する影響を調べる．将来の所得のサポートは $[0, M]$ に含まれていると仮定する．このとき，このモデルにおいては，期待効用は

$$E[u] = \int_0^M u(C_1, C_2) dF(Y_2)$$
$$= \int_0^M u(C_1, Y_2 + (Y_1 - C_1)(1+r)) dF(Y_2) \qquad (9.8)$$

と表される．ここで，r は利子率である．C_1 は第一期の消費で，C_2 は第二期の消費である．Y_1 は固定された第一期の所得で，Y_2 はその分布関数が $F(Y_2)$ によって与えられる不確実な第二期の所得である．効用関数 u は両方のアーギュメントに対して 4 回微分可能であると仮定されている．さらに u は両方のアーギュメントに対して厳密に増加すると仮定する．

我々は C_1 について $E[u]$ を最大化する．Sandmo は一次の条件，二次の条件，および $\frac{\partial C_1}{\partial Y_1}$ の表現を与えた．これらは次のようである：

一次の条件は

$$E[u_1 - (1+r)u_2] = 0. \qquad (9.9)$$

となる．二次の条件は

$$D = E[u_{11} - 2(1+r)u_{12} + (1+r)^2 u_{22}] < 0. \qquad (9.10)$$

となる．(9.9) より，

$$\frac{\partial C_1}{\partial Y_1} = -(1+r)E[u_{12} - (1+r)u_{22}]/D. \qquad (9.11)$$

となることがわかる．

将来の所得 Y_2 に関する TSD 変換に対しては,次の比較静学を得る.

定理 9.6. 以下のことを仮定する.(a) 絶対的危険回避関数 $-\frac{u_{22}}{u_2}$ は C_2 に関して減少し,C_1 に関して増加する;(b) 絶対的プルーデンス関数 $-\frac{u_{222}}{u_{22}}$ は C_2 に関して減少し,C_1 に関して増加する;(c) $u_{12} \geq 0$[*8];(d) $u_{22} < 0$.このとき,将来の所得に関する TSD 変換は第一期の消費を増加させる.

証明. $\eta(C_1, \theta)$ を

$$\eta(C_1, \theta) = E[u_1(C_1, Y_2 + \theta m(Y_2) + (Y_1 - C_1)(1+r)) \\ - (1+r)v_2(C_1, Y_2 + \theta m(Y_2) + (Y_1 - C_1)(1+r))] \quad (9.12)$$

によって定義する.(9.12) より,$C_1 = C_1(\theta)$ は $\eta(C_1, \theta) = 0$ によって定義される.このとき,$C_1'(0)$ は

$$C_1'(0) = \frac{-\eta_\theta(C_1^*, 0)}{\eta_{C_1}(C_1^*, 0)}. \quad (9.13)$$

と表される.ここで,C_1^* は $E[u]$ を最大化する C_1 の最適値である.さて,

$$\eta_\theta(C_1, \theta) = E[(u_{12} - (1+r)u_{22})m(Y_2)] \quad (9.14)$$

となる.ゆえに,

$$\eta_\theta(C_1^*, 0) = \int_0^M [u_{12}(C_1^*, Y_2 + (Y_1 - C_1^*)(1+r)) \\ - (1+r)u_{22}(C_1^*, Y_2 + (Y_1 - C_1^*)(1+r))]m(Y_2)dF(Y_2) \\ = u_{12}(C_1^*, M + (Y_1 - C_1^*)(1+r)) \\ - (1+r)u_{22}(C_1^*, M + (Y_1 - C_1^*)(1+r))\int_0^M m(y_2)dF(y_2) \\ - \int_0^M \left[(u_{122} - (1+r)u_{222})\left(\int_0^{y_2} m(x)dF(x)\right)\right]dy_2 \quad (9.15)$$

[*8] 坂上 [17] では Sandmo [18] が仮定したように不確実性のもとではもちろん確実性のもとでも $\frac{\partial C_1}{\partial Y_1} > 0$ であるという仮定を用いているが,ここでは議論を単純化するために,より強い仮定を用いている.

第 9 章 決定的変換

となる．(9.15) の右辺の第二項を部分積分することによって

$$\eta_\theta(C_1^*, 0) = (u_{12} - (1+r)u_{22})\int_0^M m(y_2)dF(y_2)$$
$$- \left[(u_{122} - (1+r)v_{222})\left(\int_0^{y_2}\left(\int_0^x m(y)dF(y)\right)dx\right)\right]_0^M$$
$$+ \int_0^M \left[\frac{\partial(u_{122}-(1+r)u_{222})}{\partial Y_2}\left(\int_0^{y_2}\left(\int_0^x m(y)dF(y)\right)dx\right)\right]dy_2 \quad (9.16)$$

が得られる．

以下において $\frac{\partial(u_{122}-(1+r)u_{222})}{\partial Y_2}$ が非負であることを証明する．絶対的プルーデンス関数は C_2 に関して減少し C_1 に関して増加すると仮定されているので，

$$\frac{\partial}{\partial C_2}\left(\frac{u_{122} - (1+r)u_{222}}{u_{22}}\right) \leq 0 \quad (9.17)$$

となる．ここで，$C_2 = Y_2 + (Y_1 - C_1)(1+r)$ である[*9]．他方

$$\frac{\partial(u_{122} - (1+r)u_{222})}{\partial Y_2}$$
$$= \frac{\partial}{\partial C_2}\left(\frac{u_{122} - (1+r)u_{222}}{u_{22}} \cdot u_{22}\right)$$
$$= \frac{\partial}{\partial C_2}\left(\frac{u_{122} - (1+r)u_{222}}{u_{22}}\right) \cdot u_{22} + \frac{u_{122} - (1+r)u_{222}}{u_{22}} \cdot u_{222} \quad (9.18)$$

が成立する．C_2 に関しての u の凹性と (9.17) により，(9.18) の第一項は非負である．C_2 に関しての u の DARA は $u_{222} \leq 0$ を含意している．かくして，$u_{122} - (1+r)u_{222} \geq 0$ が示されれば，(9.18) は非負であることがいえる．さて，

$$u_{122} - (1+r)u_{222} = \frac{\partial(u_{12} - (1+r)u_{22})}{\partial C_2}$$

[*9] この不等式は，C_2 に関して減少し C_1 に関して増加する絶対的危険回避関数に対しては $\frac{\partial}{\partial C_2}(\frac{u_{12}-(1+r)u_{22}}{u_2}) \leq 0$ が成立するという事実の Sandmo [18] における証明と同様にして導出できる．

$$= \frac{\partial}{\partial C_2} \left(\frac{u_{12} - (1+r)u_{22}}{u_2} \cdot u_2 \right) \qquad (9.19)$$

である．

　Sandmoにおいて示され脚注*9において述べられたごとく，(a) 絶対的危険回避関数は C_2 に関して減少し，C_1 に関して増加するという仮定は $\frac{\partial}{\partial C_2}(\frac{u_{12}-(1+r)u_{22}}{u_2})$ ≤ 0 を含意している．この結果と，$u_{22} < 0$ および $u_{12} - (1+r)u_{22} > 0$ より $u_{122} - (1+r)u_{222} \leq 0$ が成立する．かくして，$\frac{\theta(u_{122}-(1+r)u_{222})}{\theta Y_2}$ は非負であることが示された．$(c),(d)$ と TSD 変換の定義によって，(9.16) の右辺の第一項は非負である．これらの結果と TSD 変換の仮定とは (9.16) の右辺の第二項と第三項は非負であることを示している．かくして，$\eta_\theta(C_1^*, 0)$ は非負であり，このことは $C_1'(0) \geq 0$ を含意している．ゆえに，TSD 変換は第一期の消費を増加する． (証了)

　仮定 (a) は Sandmo によって提案された．Sandmo はこの仮説を減少的な時間的危険回避（decreasing temporal risk aversion）の仮説と呼んでいる．

第 II 部 参考文献

[1] Bawa, V. S., 1975, Optimal Rules for Ordering Uncertain Prospects, *Journal of Financial Economics*, 2, 95–121.
[2] Eeckhoudt, L. and C. Gollier, 1995, Demand for Risky Assets and the Monotone Probability Ratio Order, *Journal of Risk and Uncertainty*, 11, 113–122.
[3] Fishburn, P. C. and R.G. Vickson, 1978, Theoretical Foundations of Stochastic Dominance, in *Stochastic Dominance* edited by G. A. and M. C. Findlay, Lexington, MA: Lexington Books.
[4] Fishburn, P. C., 1980, Stochastic Dominance and the Foundations of Mean-Variance Analyses, in *Research in Finance* edited by H. Levy, Greenwich, Connecticut: Jai Press Inc. 2, 69–97.
[5] Hadar, J. and T. K. Seo, 1990, The Effects of Shifts in a Return Distribution on Optimal Portfolios, *International Economic Review*, 31, 721–736.
[6] Kijima, M. and Ohnishi, M., 1996, Portfolio Selection Problems via the Bivariate Characterization of Stochastic Dominance Relations, *Mathematical Finance*, 6, 237–277.
[7] Kimball, M. S., 1990, Precautionary Saving in the Small and in the Large, *Econometrica*, 58, 53–73.
[8] Kira, D. and W. T. Ziemba, 1980, The Demand for a Risky Asset, *Management Science*, 26, 1158–1165.
[9] Kroll, Y. and Levy, H., 1980, Stochastic Dominance: A Review and Some New Evidence, in *Research in Finance* edited by H. Levy, Greenwich, Connecticut: Jai Press Inc. 2, 163–227.
[10] Landsberger, M. and Meilijson, I., 1993, Mean-preserving Portfolio Dominance, *Review of Economic Studies*, 60, 479–485.
[11] Meyer, J. and M. B. Ormiston, 1985, Strong Increases in Risk and Their Comparative Statics, *International Economic Review*, 26, 425–437.
[12] Meyer, J., 1989, Stochastic Dominance and Transformation of Random Variables, in *Studies in the Economics of Uncertainty* edited by T. B. Fomby and T. K. Seo, Springer-Verlag, 45–57.
[13] Meyer, J. and M. B. Ormiston, 1994, The Effect on Optimal Portfolios of Changing the Return to a Risky Asset: The Case of Dependent Risky Returns, *International Economic Review*, 35, 603–612.
[14] Ormiston, M. B., 1992, First and Second Degree Transformations and Comparative Statics under Uncertainty, *International Economic Review*, 33, 33–44.

[15] Rothschild, M. and J. E. Stiglitz, 1970, Increasing risk I: A Definition, *Journal of Economic Theory*, 2, 225–243.

[16] Rothschild, M. and J. E. Stiglitz, 1971, Increasing risk II: Its Economic Applications, *Journal of Economic Theory*, 3, 66–84.

[17] Sakagami, Y., 1997, The Comparative Statics of Shifts in Risk, *Journal of Operations Research Society of Japan*, Vol.40, No.4, 522–535.

[18] Sandmo, A., 1970, The Effect of Uncertainty on Saving Decisions, *Review of Economic Studies*, 37, 353–360.

[19] Vickson, R. G., 1975, Stochastic Dominance Tests for Decreasing Absolute Risk Aversion. I. Discrete Random Variables, *Management Science*, 21, 1438–1446.

[20] Whitmore, G. A., 1970, Third Degree Stochastic Dominance, *American Economic Review*, 60, 457–459.

[21] Whitmore, G. A., 1989, Stochastic Dominance for the Class of Completely Monotonic Utility Functions, in *Studies in the Economics of Uncertainty* edited by T. B. Fomby and T. K. Seo, Springer-Verlag, 77–88.

第 III 部

連続時間消費──ポートフォリオ問題

第10章

いくつかの基本的消費—ポートフォリオ問題

ここでは基本的消費—ポートフォリオ問題として Merton [9] の二つの例,漸近的正常価格水準仮説を満足する例と Poisson 過程を含む例を紹介する.ここでの基本的という字句は,この消費—ポートフォリオ問題においては効用関数は時間的に加法的であると仮定されているということを表している.

10.1 確率的機会集合を伴う消費—ポートフォリオ問題

最初に漸近的正常価格水準仮説を満足する Merton [9] の例に対応する場合を考察する[*1].この仮説は,"$0 \leq T < t < \infty$ に対して,

$$\lim_{t \to \infty} E_T[P(t)/\overline{P}(t)] = 1 \tag{10.1}$$

を満足する正常価格関数 $\overline{P}(t)$ が存在する" という仮説である.ここで $P(t)$ は時刻 t における資産価格である.Merton はこの仮説を満足する例として

$$\overline{P}(t) = \overline{P}(0) \exp(\nu t), \tag{10.2}$$

[*1] Merton [9, pp.154–159] を参照.なおこの節を含めて第 III 部で用いられる数学的手法については田畑 [13] を参照.

第 10 章 いくつかの基本的消費—ポートフォリオ問題

および
$$dP/P = \beta\{[\phi + \nu t - \log[P(t)/P(0)]\}dt + \sigma dw \tag{10.3}$$

を挙げている．ここで，$\{\omega(t)\}$ は標準 Wiener 過程であり，$\phi \equiv k + \nu/\beta + \sigma^2/(4\beta)$, $k \equiv \log[\overline{P}(0)/P(0)]$ である．$Y(t)$ を $Y(t) \equiv \log[P(t)/P(0)]$ と定義する．このとき，Merton によれば，伊藤の補題を用いることによって，Y の動学は Ornstein-Uhlenbeck 過程に従うことが示される．具体的には

$$dY = \beta(\tilde{\mu} + \nu t - Y)dt + \sigma dw, \tag{10.4}$$

となる．ここで $\tilde{\mu} \equiv \phi - \sigma^2/(2\beta)$．

さて以下のような無限期間消費—ポートフォリオ問題を Merton は考えている．いま，二つの資産が存在するとする．一つは一定の利子率 r の無危険資産である．もう他方はその収益率が (10.3) の過程によって記述される危険資産である．w は危険資産のポートフォリオにおける重みであり，W は富であるとする．効用関数としては負の指数型効用関数を仮定する．すなわち，

$$U(c,t) = -\frac{\exp(-\eta c)}{\eta} \tag{10.5}$$

であるとする．ここで $c(= c(t))$ は時刻 t での単位時間あたりの消費を表している．この場合の消費—ポートフォリオ問題に対する基礎的最適性方程式は

$$0 = -\frac{\exp(-\eta c^*)}{\eta} + J_t + J_W[w^*(\beta(\phi + \nu t - Y) - r)W + rW - c^*]$$
$$+ \frac{1}{2}J_{WW}w^2W^2\sigma^p + J_Y\beta(\tilde{\mu} + \nu t - Y)$$
$$+ \frac{1}{2}J_{YY}\sigma^2 + J_{YW}w^*W\sigma^2 \tag{10.6}$$

と表される．ここで派生的効用関数 J は

$$J(W,P,t) \equiv \max_{c,w} E_t \int_t^\infty U(c(s),s)ds. \tag{10.7}$$

と定義される．そして最適規則は

$$w^*W = \frac{J_W(\beta(\phi+\nu t-Y)-r)}{J_{WW}\sigma^2} - \frac{J_{YW}}{J_{WW}} \quad (10.8)$$

および

$$c^* = \frac{log(J_W)}{\eta} \quad (10.9)$$

となる．Merton は (10.6), (10.8)，および (10.9) を解くことによって，最適規則を明示的に求めている．w^* は

$$w^* = \frac{\left(1+\dfrac{\beta}{r}\right)[\alpha(p,t)-r] + \dfrac{\beta^2}{r^2}\left(\dfrac{\sigma^2}{2}+\nu-r\right)}{\eta r \sigma^2 W}, \quad (10.10)$$

と表される．ここで $\alpha(P,t) \equiv \beta\{\phi+\nu t - \log[P(t)/P(0)]\}$ である．c^* は

$$c^* = rW + \frac{\beta^2}{2\sigma^2\eta r}Y^2$$
$$- \frac{\beta}{\eta\sigma^2 r}\left[\beta\nu t + \beta\phi - r + \frac{\beta}{r}\left(\frac{\sigma^2}{2}+\nu-r\right)\right]Y + \frac{a(t)}{\eta}. \quad (10.11)$$

と表される．ここで

$$a(t) \equiv \frac{\beta^2}{2r^2} - 1 + \frac{\beta\phi-r}{r\sigma^2}$$
$$\cdot \left[\frac{1}{2}\left(1+\frac{2\beta}{r}\right)(\beta\phi-r) + \frac{\beta^2}{r^2}\left(\frac{\sigma^2}{2}+\nu-r\right) - \frac{\beta}{r}\left(\beta\phi-\frac{\sigma^2}{2}\right)\right]$$
$$+ \frac{\beta\nu}{r^2\sigma^2}\left(\frac{\beta\nu}{r}+\beta\phi-r-\beta+\frac{\beta\sigma^2}{2r}\right)$$
$$- \frac{\beta^2}{r^3\sigma^2}\left(\beta\phi-\frac{\sigma^2}{2}\right)\left(\frac{\sigma^2}{2}+\nu-r\right)$$
$$+ \frac{\beta\nu t}{r\sigma^2}\left(\frac{\beta\nu}{r}+\beta\phi-r-\beta+\frac{\beta\sigma^2}{2r}\right) + \frac{\beta^2\nu^2 t^2}{2\sigma^2 r} \quad (10.12)$$

である．なお $\nu > r$ であると仮定されている．

Merton はこれらの最適規則を幾何 Brown 運動仮説のもとでの最適規則と比較している．

10.2 Poisson 過程を含む Merton の例

この節においては Merton [9] の第 5.8 節における二番目の例に対応する場合を取り上げる[*2]. この場合においては各人は賃金 $Y(t)$ を受け取る. 賃金増加の動学は

$$dY = \varepsilon dq, \qquad (10.13)$$

と表される. ここで, ε は $Y(t)$ の一定の増分であり, q は母数 λ の Poisson 過程である. 効用関数は以下のごとく仮定される:

$$U(c,t) = \exp(-pt)u(c). \qquad (10.14)$$

ここで,

$$u(c) = \frac{1}{\eta}\exp(-\eta c)$$

である. この場合には基礎的最適性方程式は

$$\begin{aligned} 0 = {} & u(c^*) - \rho I(W,Y) + \lambda[I(W,Y+\varepsilon) - I(W,Y)] \\ & + I_W(W,Y)[(w^*(\mu-r)+r)W + Y - c^*] \\ & + \frac{1}{2}I_{WW}(W,Y)\sigma^2 w^{*2} W^2, \end{aligned} \qquad (10.15)$$

となる. ここで $I(W,Y) = \exp(\rho t)J(W,Y,t)$ である.

Merton は (10.15) より最適消費規則と最適ポートフォリオ規則を導出している. すなわち, w^* は

$$w^* = \frac{\mu - r}{r(\eta)\sigma^2 W} \qquad (10.16)$$

となり, c^* は

$$\begin{aligned} c^* = {} & r\left[W(t) + \frac{Y(t)}{r} + \frac{\lambda}{r^2}\frac{1-\exp(-\eta\varepsilon)}{\eta}\right] \\ & + \frac{1}{\eta r}\left[-r + \rho + \frac{(\mu-r)^2}{2\sigma^2}\right] \end{aligned} \qquad (10.17)$$

[*2] Merton [9, pp.147–149] を参照.

と表される．なお (10.17) における $\frac{\lambda[1-\exp(-\eta\varepsilon)]}{\eta r^2}$ は，$\lambda > 0$ のときには，賃金率に対する（期待）将来の増分の個人の危険回避を反映した，無危険市場率よりも幾分高い率で資本化された価値であると意味づけしている．

さらに Merton は次の式によって $X(t)$ を定義している．

$$U[X(t)] = E_0\{U[Y(t)]\}. \tag{10.18}$$

$X(t)$ は時点 t での確実同値賃金率と呼ばれている．このとき，確実同値賃金所得フローの資本化された価値が次の式によって与えられることを示している：

$$\int_0^\infty \exp(-rs)X(s)ds = \frac{Y(0)}{r} + \frac{\lambda[1-\exp(-\phi_1\varepsilon)]}{\phi_1 r^2}. \tag{10.19}$$

第11章

時間に依存した効用関数のもとでのいくつかの消費—ポートフォリオ問題

　多期間モデルにおいては通常，第10章におけるごとく効用関数は時間的に加法的であると仮定されている．しかしこれらの効用関数はいくつかの難点を有している．第一に，ある時点での消費からの効用は過去の消費に依存するかもしれない．この可能性は時間的に加法的な効用関数では表され得ない．この難点を避けるために，時間に依存する効用関数が考えられている[*1]．第二に，時間的に加法的な効用関数の場合には，時間的代替の程度と危険回避度を区別するのは不可能である．この難点を避けるために，再帰的効用関数が考えられている．

　この章では前者の場合を考察する．無限期間の消費—ポートフォリオ問題が最初の三つの節で考察される．第1節においては，時間に依存する負の指数型効用関数に関する Ingersoll [7] の結果を補足する．それから，Constantinides [1] の手法を用いて政策の最適性と一意性を確認する．第2節と第3節においては，時間に依存する負の指数型効用関数のもとで，確率的機会が存在する無限期間の消費—ポートフォリオ問題と Poisson 過程を仮定する無限期間の消費—ポートフォリオ問題をそれぞれ考察する．これらの問題はもともと時間的に加法的

[*1] 連続時間設定では，Constantinides [1]，Ingersoll [7] および Sundaresan [12] を参照．

な負の指数型効用関数に対して Merton によって考察された．第 4 節において
は，Ingersoll によって研究された Hindy-Huang-Kreps の枠組みでの無限期間
問題に対して同一の問題を有限期間で考え，最適方程式に対して明示的な解を
導出する．最後の節では結語を述べる．

11.1 基本的無限期間消費—ポートフォリオ問題

11.1.1 Ingersoll の結果の補足

最初に，Ingersoll [7] よって考察された二つの資産のモデルを概観する．この
モデルは最も基本的とみなされる．それから，この枠組みで負の指数型効用の
場合を具体的に考察する．

Ingersoll は効用関数が時間に依存する場合における消費—ポートフォリオ問
題を考察した．Ingersoll の第 4 節において考察されている消費—ポートフォリ
オ問題は以下のようである．二つの資産が存在する．一つは一定の利子率 r の
無危険資産である．もう他方はその収益率が次の過程によって記述される危険
資産である．

$$\frac{dP}{P} = \mu dt + \sigma d\omega. \tag{11.1}$$

ここで，$\{\omega(t)\}$ は標準ウィーナー過程である．$\mu > r$ であり，配当はないとい
うことが仮定される[*2]．

Ingersoll は効用関数は $HARA$ 型効用関数であると仮定している．すなわち，

$$u(c,x,y) = \frac{1}{\gamma}(ac + b_1 x - b_2 y - \eta)^\gamma. \tag{11.2}$$

ただし，$a, b_1, b_2 \geq 0, u'(\cdot) > 0, u''(\cdot) < 0$，そして $\gamma < 1$ である．ここで，c は
消費率で，$x(t)$ と $y(t)$ は過去の消費の効果を表す二つの状態変数であり，

$$x(t) \equiv ke^{-kt} \int_{-\infty}^{t} e^{k\tau} c(\tau) d\tau,$$

[*2] 本章を通してこの二資産モデルが用いられる．危険資産の瞬時の期待収益率は場合ごと
に変えられている．

第 11 章 時間に依存した効用関数のもとでのいくつかの消費—ポートフォリオ問題

$$y(t) \equiv me^{-mt} \int_{-\infty}^{t} e^{m\tau} c(\tau) d\tau \tag{11.3}$$

のように表される．ここで，$k, m > 0$ である．これらの状態変数の各々は，過去の消費の指数的に平滑化された平均を表し，k と m は重みづけ関数の母数である．Ingersoll によれば，$c(t)$ と $x(t)$ の間，および $c(t)$ と $y(t)$ の間の限界代替率はそれぞれ，

$$\left.\frac{\partial c}{\partial x}\right|_u = -\frac{b_1}{a} < 0,$$
$$\left.\frac{\partial c}{\partial y}\right|_u = \frac{b_2}{a} > 0 \tag{11.4}$$

となる．かくして，x は時間的代替効果を表し，y は時間的補完効果を表す．負の指数効用の場合は (11.2) に含まれないということに注意すべきである．派生的効用関数は

$$J(W, x, y) \equiv \max_{c,w} E_t \int_t^{\infty} e^{-\rho(s-t)} u(c(s), x(s), y(s)) ds \tag{11.5}$$

と定義される．ここで，w は危険資産のポートフォリオにおける重みであり，ρ は時間選好の母数である．W は富であり，その蓄積を表す式は

$$dW(t) = W(t) \left[w(t) \frac{dP}{P} + (1 - w(t)) r dt \right] - c(t) dt \tag{11.6}$$

となる．Ingersoll によって導出されたごとく，J に対する偏微分方程式は一般的には，

$$0 = u(c^*, x, y) + \frac{1}{2} w^2 \sigma^2 W^2 J_{WW} + [(r + w^*(\mu - r))W - c^*] J_W - \rho J$$
$$+ k(c^* - x) J_x + m(c^* - y) J_y \tag{11.7}$$

となる[*3]．c^* と w^* は次の式によって決定される：

$$0 = u_c \cdot (c^*, x, y) - J_W + k J_x + m J_y, \tag{11.8}$$

―――――――――――
[*3] これは Ingersoll [7] の中の方程式 (16) である．

$$0 = \omega^* \sigma^2 W^2 J_{WW} + (\mu - r) W J_W. \tag{11.9}$$

(11.7) を

$$\max_{c,w} \phi(w, c, W, x, y) = 0 \tag{11.10}$$

と表すと，$\phi_{ww} < 0$ と $\phi_{wc}^2 - \phi_w^2 \cdot \phi_c^2 < 0$ という条件は通常の内点での最大値が存在することを保証している．$J_{WW} < 0$ ならば，これらの十分条件は満足されている．以降においては，$J_{WW} < 0$ と仮定する．

負の指数型効用の場合について，Ingersoll は脚注において $J(W, x, y)$ と相対的危険回避関数 $R(W, x, y)$ の形を導出した．しかし，最適な c と w の形を明示しなかった．また，本文において (pp.698–700) 時間に依存する負の指数型効用関数についての消費行動を説明した．しかし，これは数値的になされていた（おそらく最適な c の表現のみを非明示的に用いて．下記において与えられている $J(W, x, y)$ の形は，Ingersoll によって与えられた形とは少し異なっている．この相違は仮定された効用関数の違いによるとみなされる[*4]．

Sundaresan [12] は一般均衡の枠組みの中で，$u(c, z) = -\frac{1}{\phi_1} \exp(-\phi_1 c + \phi_2 z)$ $(\phi_1 > 0,\ \phi_2 \geq 0)$ を考慮し，J，最適な c，および利子率を導出していることに注意すべきである．

直接 (11.7), (11.8), および (11.9) を解くことによって，時間に依存する負の指数型効用関数の場合，すなわち，$u(c, x, y) = -\frac{1}{\phi_1} \exp(-\phi_1 c - \phi_2 x + \phi_3 y)$ $(\phi_1 > 0,\ \phi_2 \geq 0,\ \text{および } \phi_3 \geq 0)$ における解を得る：

$$J(W, x, y) = -b \exp[-r(\phi_1 + k d_x - m d_y) W - r d_x x + r d_y y]. \tag{11.11}$$

ここで，

$$b \equiv \frac{1}{r\phi_1} \exp\left[-\frac{(\mu - r)^2}{2r\sigma^2} - \frac{\rho}{r} + 1\right] \tag{11.12}$$

[*4] Ingersoll [7] によって与えられている $J(W, x, y)$ は次のようである：

$$J(W, x, y) = -\frac{1}{r} \exp\left[-r\left(a + \frac{kb_1}{r+k} - \frac{mb_2}{r+m}\right) W - \frac{rb_1}{r+k} x + \frac{rb_2}{r+m} y\right].$$

第 11 章 時間に依存した効用関数のもとでのいくつかの消費—ポートフォリオ問題

であり,
$$c^* = \frac{1}{\phi_1}\left[r(\phi_1 + kd_x - md_y)W - kd_x x + md_y y + \frac{(\mu-r)^2}{2r\sigma^2} + \frac{\rho}{r} - 1\right], \tag{11.13}$$

$$w^* = \frac{\mu - r}{r(\phi_1 + kd_x - md_y)\sigma^2 W} \tag{11.14}$$

である.ここで,$d_x = \frac{\phi_2}{k+r}$ および $d_y = \frac{\phi_3}{m+r}$ である.$J_{WW} < 0$ を仮定しているので,$\phi_i + kd_x - md_y > 0$ が成立する[*5].時間的な補完(代替)効果のみが存在するときには,すなわち,$\phi_2 = 0$ ($\phi_3 = 0$) の場合には,危険資産に投資される富の量は標準的な場合,すなわち,$\phi_2 = 0$ かつ $\phi_3 = 0$ の場合よりも常により大きい.

$$dW(t) = [((\mu - r)w(t) + r)W(t) - c(t)]dt + \sigma w(t)W(t)dw \tag{11.15}$$

なので w^* と c^* を (11.15) に代入すると,

$$dW = \left\{\frac{r}{\phi_1}(-kd_x + md_y)W(t) + \frac{k}{\phi_1}d_x x - \frac{m}{\phi_1}d_y y - \frac{1}{\phi_1}\left[\frac{(\mu-r)^2}{2r\sigma^2} + \frac{\rho}{r} - 1\right]\right.$$
$$\left.+ \frac{(\mu-r)^2}{(\phi_1 + kd_x - md_y)r\sigma^2}\right\}dt + \frac{\mu - r}{(\phi_1 + kd_x - md_y)r\sigma}d\omega \tag{11.16}$$

となる.次に dc^* について考察する.伊藤の補題を (11.13) に適用することによって,dc^* は

$$dc^* = \frac{1}{\phi_1}\left[r(\phi_1 + kd_x - md_y)\left(-\frac{\phi_2}{\phi_1}k + \frac{\phi_3}{\phi_1}m\right)W(t)\right.$$
$$- kd_x\left(-\frac{\phi_2}{\phi_1}k + \frac{\phi_3}{\phi_1}m - k - r\right)x(t) + md_y\left(-\frac{\phi_2}{\phi_1}k + \frac{\phi_3}{\phi_1}m - m - r\right)y(t)$$
$$\left.+ \left(\frac{(\mu-r)^2}{2r\sigma^2} + \frac{\rho}{r} - 1\right)\left(-\frac{\phi_2}{\phi_1}k + \frac{\phi_3}{\phi_1}m - r\right) + \frac{(\mu-r)^2}{\sigma^2}\right]dt + \frac{\mu - r}{\phi_1 \sigma}d\omega \tag{11.17}$$

[*5] この節におけるのと同じ理由で,この条件はやはり第 11.2, 11.3 節においても適用される.

と表される．$\mathrm{Var}[dW]$, $\mathrm{Var}(dc^*)$, $\frac{\mathrm{Var}(dc^*)}{\mathrm{Var}(dW)}$ は以下のようになる．

$$\mathrm{Var}[dW] = \frac{(\mu-r)^2}{r^2(\phi_1+kd_x-md_y)^2\sigma^2}dt, \tag{11.18}$$

$$\mathrm{Var}(dc^*) = \frac{(\mu-r)^2}{\phi_1^2\sigma^2}dt, \tag{11.19}$$

$$\frac{\mathrm{Var}(dc^*)}{\mathrm{Var}(dW)} = \frac{r^2}{\phi_1^2}(\phi_1+kd_x-md_y)^2. \tag{11.20}$$

消費の変化の分散と富の変化の分散との割合は，$0 < -\frac{k}{\phi_1}d_x + \frac{m}{\phi_1}d_y < 2$ ($-\frac{k}{\phi_1}d_x + \frac{m}{\phi_1}d_y < 0$ あるいは $2 < -\frac{k}{\phi_1}d_x + \frac{m}{\phi_1}d_y$) であれば，時間に依存している場合のほうが標準的な場合におけるよりも厳密に小さい（大きい）．いずれの場合にも $\mathrm{Var}(dc^*)$ は同じであることに注意する必要がある．

11.1.2　c^* と w^* の最適性と一意性

前の副節において，J を求めた．しかし，一般的に，Bellman 方程式の解は価値関数の一つの候補にすぎない．Bellman 方程式の解が最適であることに対する通常用いられている十分条件は次のようである：

(a) 任意の W, x, と y に対して，

$$|J(W,x,y)| \le M(1+|W|+|x|+|y|)^h \tag{11.21}$$

を満足する定数 M と h が存在する．

(b) $J(W,x,y)$ は (W,x,y) について 2 回連続微分可能である[*6]．

負の指数型効用の場合にこれらの条件を J が満たしているかどうかについて考えてみる．J は (W,x,y) について指数関数である．ゆえに，条件 (b) は満足されている．他方，(11.21) の右辺は $|x|$ についてのべき関数である，すなわち，$|x|^h$ と近似的にみなされうる．かくして，固定された W と y のもとで任意の x

---

[*6] たとえば，Fleming & Rishel [4, p.159] を見よ．

第 11 章　時間に依存した効用関数のもとでのいくつかの消費—ポートフォリオ問題

に対して条件 (a) の不等式が成立するのは不可能である．したがって，条件 (a) は満足されない．ゆえに，この J が最適であるかどうかは明白ではない．さらに，c^* と w^* の一意性は明らかではない．

以下において，負の指数型効用の場合に，c^* と $w^*(t)$ は最適であり，かつ，唯一であることを確証する．また，$W(t)$ の形を明示する．$u(c,x) = \gamma^{-1}(c(t)-x(t))^\gamma$ の場合を考察する時に Constantinides [1] が用いた手法と同じ手法を用いる．

$c(s) = c^*(s), w(s) = w^*(s)$ が $t \leq s$ に対して成立していると仮定する．最初に $s \geq t$ に対して，

$$d[r(\phi_1 + kd_x - md_y)W(s) + rd_x x(s) - rd_y y(s)]$$
$$= \left[-nr + \frac{(\mu-r)^2}{\sigma^2}\right]ds + \frac{\mu-r}{\sigma}d\omega \quad (11.22)$$

が成立する．ここで，$n = \frac{(\mu-r)^2}{2r\sigma^2} + \frac{\rho}{r} - 1$．ゆえに，

$$r(\phi_1 + kd_x - md_y)W(s) + rd_x x(s) - rd_y y(s)$$
$$= r(\phi_1 + kd_x - md_y)W(t)$$
$$\quad + rd_x x(t) - rd_y y(t) + \left[-nr + \frac{(\mu-r)^2}{\sigma^2}\right](s-t)$$
$$\quad + \frac{\mu-r}{\sigma}(\omega(s) - \omega(t)) \quad (11.23)$$

が成立する．$s \geq t$ に対しては，

$$\exp[-\rho(s-t)]E_t[\exp(-\phi_1 c - \phi_2 x + \phi_3 y)]$$
$$= \exp[-n - r(\phi_1 + d_x k - d_y m)W(t) - d_x rx(t) + d_y ry(t)]$$
$$\quad \cdot \exp\left[(-\rho + nr - \frac{(\mu-r)^2}{2\sigma^2})(s-t)\right] \quad (11.24)$$

となる．ゆえに，

$$J(W(t), x(t), y(t))$$
$$= E_t \int_t^\infty \exp[-\rho(s-t)]\left(-\frac{1}{\phi_1}\right)\exp(-\phi_1 c(s) - \phi_2 x(s) + \phi_3 y(s))ds$$

117

$$= -\frac{1}{\phi_1 r}\exp[-n-r(\phi_1+kd_x-md_y)W(t)-rd_x x(t)+rd_y y(t)] \quad (11.25)$$

が成立する^{*7*8}. $M(t)$ を次のように定義する：

$$M(t) \equiv \int_0^t \exp(-\rho s)\left(-\frac{1}{\phi_1}\right)\exp(-\phi_1 c(s)-\phi_2 x(s)+\phi_3 y(s))ds$$
$$+ \exp(-\rho t)J(W(t),x(t),y(t)). \quad (11.26)$$

伊藤の補題を用いて，$dM(t)$ が求められる．$N(t)$ によって dt の係数を表す．このとき，$N(t)$ は (c,w) に関して凹である．かくして，$N(t)$ を最大にする c,w を求めると，

$$c = \frac{1}{\phi_1}\left[r(\phi_1+kd_x-md_y)W(t)-kd_x x(t)\right.$$
$$\left.+md_y y(t)+\frac{(\mu-r)^2}{2r\sigma^2}+\frac{\rho}{r}-1\right] = c^*, \quad (11.27)$$

$$w = \frac{\mu-r}{r(\phi_1+kd_x-md_y)\sigma^2 W} = w^* \quad (11.28)$$

となる．$c=c^*$ および $w=w^*$ に対しては，$N(t)=0$．ゆえに，$M(t)$ はスーパーマルチンゲールである．したがって，

$$E_0 \int_0^\infty \exp(-ps)\left(-\frac{1}{\phi_1}\right)\exp(-\phi_1 c(s)-\phi_2 x(s)+\phi_3 y(s))ds$$
$$\leq J(W(0),x(0),y(0)) \quad (11.29)$$

が成立する．ここで，等号は $c=c^*$ かつ $w=w^*$ の時成立する．かくして，c^* と w^* の最適性と一意性は確証された^{*9}.

$W(t)$ は

---

^{*7} ここでの積分順序の入れ替えについては Harrison [5, p.131] を参照.

^{*8} 坂上 [10] ではこの節に関して一部の箇所で "J" の代わりに "V" が用いられている.

^{*9} 効用関数が $u(c,x) = \frac{1}{\gamma}(ac+b_1 x-\eta)^\gamma$ であるときに，c^* と w^* の最適性と一意性は時間に依存する負の指数型効用の場合に用いられたのと類似のステップによって確証されうる．これは $u(c,x) = \frac{1}{\gamma}(c-x)^\gamma$ に対する c^* と w^* の最適性と一意性に関する Constantinides [1] の結果の僅少な一般化であるだろう．

第 11 章　時間に依存した効用関数のもとでのいくつかの消費—ポートフォリオ問題

$$W(t) = W(0) + \frac{1}{r(\phi_1 + kd_x - md_y)} \Big\{ -rd_x(x(t) - x(0)) + rd_y(y(t) - y(0))$$
$$+ \left[-nr + \frac{(\mu - r)^2}{\sigma^2} \right] t + \frac{\mu - r}{\sigma}(w(t) - w(0)) \Big\} \quad (11.30)$$

と表される．

11.2　確率的機会集合を伴う消費—ポートフォリオ問題（Mertonのモデルの拡張）

最初に，漸近的正常価格水準仮説を満足するMerton[9]の例に対応する場合を考察する[*10]．ここでは，効用関数 u は時間に依存する負の効用関数であると仮定する．すなわち，

$$u(c, x, y) = -\frac{1}{\phi_1}\exp(-\phi_1 c - \phi_2 x + \phi_3 y) \quad (11.31)$$

であるとする．この場合，基礎的最適性方程式は

$$0 = u(c^*, x, y) + J_t + J_W[w^*(\beta(\phi + \nu t - Y) - r)W + rW - c^*]$$
$$+ \frac{1}{2}J_{WW}w^{*2}W^2\sigma^2 + J_Y\beta(\tilde{\mu} + \nu t - Y)$$
$$+ \frac{1}{2}J_{YY}\sigma^2 + J_{YW}w^*W\sigma^2 + J_x k(c^* - x) + J_y m(c^* - y) \quad (11.32)$$

と表される．J は

$$J = -\frac{1}{r\phi_1}\exp\Big\{ -r(\phi_1 + kd_x - md_y)W - \frac{\beta^2}{2\sigma^2 r}Y^2$$
$$+ \frac{\beta}{\sigma^2 r}\left[\beta\nu t + \beta\phi - r + \frac{\beta}{r}\left(\frac{\sigma^2}{2} + \nu - r \right) \right]Y - rd_x x + rd_y y - a(t) \Big\}$$
$$\quad (11.33)$$

と表される．ここで，

[*10] 第10.1節を参照．なお，Merton[9]は最適な w と c を導出したが，J の具体的な形には言及していない．

119

$$a(t) \equiv \frac{\beta^2}{2r^2} - 1 + \frac{\beta\phi - r}{r\sigma^2}\left[\frac{1}{2}\left(1 + \frac{2\beta}{r}\right)(\beta\phi - r)\right.$$
$$\left. + \frac{\beta^2}{r^2}\left(\frac{\sigma^2}{2} + \nu - r\right) - \frac{\beta}{r}\left(\beta\phi - \frac{\sigma^2}{2}\right)\right]$$
$$+ \frac{\beta\nu}{r^2\sigma^2}\left(\frac{\beta\nu}{r} + \beta\phi - r - \beta + \frac{\beta\sigma^2}{2r}\right) - \frac{\beta^2}{r^3\sigma^2}\left(\beta\phi - \frac{\sigma^2}{2}\right)\left(\frac{\sigma^2}{2} + \nu - r\right)$$
$$+ \frac{\beta\nu t}{r\sigma^2}\left(\frac{\beta\nu}{r} + \beta\phi - r - \beta + \frac{\beta\sigma^2}{2r}\right) + \frac{\beta^2\nu^2 t^2}{2\sigma^2 r} \tag{11.34}$$

である.w^* は

$$w^* = \frac{\left(1 + \dfrac{\beta}{r}\right)[\alpha(p,t) - r] + \dfrac{\beta^2}{r^2}\left(\dfrac{\sigma^2}{2} + \nu - r\right)}{(\phi_1 + kd_x - md_y)r\sigma^2 W} \tag{11.35}$$

と表される.ここで,$\alpha(P,t) \equiv \beta\{\phi + \nu t - \log[P(t)/P(0)]\}$ である.c^* は

$$c^* = \frac{1}{\phi_1}\left\{r(\phi_1 + kd_x - md_y)W + \frac{\beta^2}{2\sigma^2 r}Y^2\right.$$
$$\left. - \frac{\beta}{\sigma^2 r}\left[\beta\nu t + \beta\phi - r + \frac{\beta}{r}\left(\frac{\sigma^2}{2} + \nu - r\right)\right]Y - kd_x x + md_y y + a(t)\right\} \tag{11.36}$$

と表される.Merton の場合におけるごとく,$\nu > r$ であると仮定されている.(11.35) と (11.14) を較べると,μ が $\alpha(p,t)$ に等しいとき,危険資産に投資される富の割合は漸近的価格水準仮説のもとでのほうが幾何的ブラウン運動仮説の場合よりも常に大きいことがわかる.また,たとえ $\alpha < r$ であっても,漸近的価格水準仮説のもとでは,正の量の危険資産が保有されうる.このことは,幾何的ブラウン運動仮説のもとでは起こり得ない.

次に,危険資産に投資される富の量に対する漸近的正常価格水準仮説の影響を,時間に依存している場合と標準的な場合とで比較する.時間的補完効果 (代替効果) のみが存在するとき,すなわち,$\phi_2 = 0$ ($\phi_3 = 0$) のとき危険資産に投資される富の量は時間に依存している場合のほうが標準的な場合 ($\phi_2 = 0$ かつ $\phi_3 = 0$ の場合) よりも常に大きい (小さい).一般的には,$\phi_1 + kd_x - md_y > (<)\phi_1$

第 11 章　時間に依存した効用関数のもとでのいくつかの消費—ポートフォリオ問題

のとき危険資産に投資される富の量は時間に依存している場合のほうが標準的な場合よりも常に小さい（大きい）．

$\text{Var}(dW)$ の形は $(\mu - r)^2$ が $\{(1+\frac{\beta}{r})[\alpha(p,t)-r] + \frac{\beta^2}{r^2}(\nu + \frac{\sigma^2}{2} - r)\}^2$ によって置き換えられる点を除けば第 11.1 節における形と同じである．

$\text{Var}(dc^*)$ と $\frac{\text{Var}(dc^*)}{\text{Var}(dW)}$ は

$$\text{Var}(dc^*) = \frac{1}{\phi_1^2 \sigma^2} \left\{ \left(1 + \frac{\beta}{r}\right)[\alpha(p,t) - r] + \frac{\beta^2}{r^2}\left(\frac{\sigma^2}{2} + \nu - r\right) \right\}^2 dt \\ + \frac{\beta^2}{\phi_1^2 \sigma^2 r^2} \left\{ \beta Y(t) - \left[\beta \nu t + \beta \phi - r + \frac{\beta}{r}\left(\frac{\sigma^2}{2} + \nu - r\right)\right] \right\}^2 dt, \tag{11.37}$$

$$\frac{\text{Var}(dc^*)}{\text{Var}(dW)} = \frac{r^2}{\phi_1^2}(\phi_1 + kd_x - md_y)^2 + \alpha(Y(t), t) \tag{11.38}$$

とそれぞれ表される．ここで，$\alpha(Y(t),t)$ は $Y(t)$ と t の非負の関数である．$\text{Var}(dc^*)$ が x, y によって影響されないということはやはり成立している．消費の変化の分散の富の変化の分散に対する割合は第 11.1 節の (11.20) におけるそれよりも小さくはない．

11.3　Poisson 過程を伴う Merton の例の拡張

この節においては，Merton [9] の第 5.8 節における二番目の例に対応する場合を取り上げる[*11]．効用関数は以下のごとく仮定される：

$$U(c,x,y) = \exp(-\rho t) u(c,x,y). \tag{11.39}$$

ここで，

$$u(c,x,y) = -\frac{1}{\phi_1}\exp(-\phi_1 c - \phi_2 x + \phi_3 y)$$

である．この場合には基礎的最適性方程式は

[*11] 第 10.2 節を参照．

$$0 = u(c^*, x, y) - \rho I(W, Y) + \lambda [I(W, Y+\varepsilon) - I(W, Y)]$$
$$+ I_W(W, Y)[(w^*(\mu - r) + r)W + Y - c^*]$$
$$+ \frac{1}{2} I_{WW}(W, Y)\sigma^2 w^{*2} W^2 + I_x k(c^* - x) + I_y m(c^* - y) \quad (11.40)$$

となる．ここで，$I(W, Y) = \exp(\rho t) J(W, Y, t)$ である．$I(W, Y)$ は

$$I(W, Y) = -b \exp[-r(\phi_1 + kd_x - md_y)W - rd_x x$$
$$+ rd_y y - (\phi_1 + kd_x - md_y)Y] \quad (11.41)$$

と表される．ここで，

$$b \equiv \frac{1}{r\phi_1} \exp\left[1 + \frac{1}{r}\left(-\rho + \lambda \exp(-kd_x + md_y - \phi_1)\varepsilon - \lambda - \frac{(\mu - r)^2}{2\sigma^2}\right)\right] \quad (11.42)$$

である．w^* は，

$$w^* = \frac{\mu - r}{r(\phi_1 + kd_x - md_y)\sigma^2 W} \quad (11.43)$$

となり，c^* は

$$c^* = \frac{r}{\phi_1}(\phi_1 + kd_x - md_y)\left[W + \frac{Y}{r} - \frac{\lambda}{r^2}\frac{-1 + \exp(-kd_x + md_y - \phi_1)\varepsilon}{\phi_1 + kd_x - md_y}\right]$$
$$- \frac{k}{\phi_1} d_x x + \frac{m}{\phi_1} d_{y'} y + \frac{1}{\phi_1 r}\left[-r + \rho + \frac{(\mu - r)^2}{2\sigma^2}\right] \quad (11.44)$$

と表される．(11.43) と (11.14) を比較すると，w^* はこの場合と幾何的ブラウン運動仮説の場合と同じである．

時間の影響が存在しない場合には $\frac{\lambda[1-\exp(-\phi_1\varepsilon)]}{\phi_1 r^2}$ は賃金率に対する（期待）将来の増分の資本化された価値であった．時間に依存している場合には，ϕ_1 は $\phi_1 + kd_x - md_y$ によって置き換えられなければならない．他方，$\frac{\lambda[1-\exp(-\phi_1\varepsilon)]}{\phi_1 r^2}$ は ϕ_1 に関して減少関数である．かくして，時間的補完効果（代替効果）のみが存在するとき，すなわち，$\phi_2 = 0$（$\phi_3 = 0$）のとき賃金率に対する（期待）将来の増分の資本化された価値は時間に依存した場合のほうが標準的な場合よりも大きい（小さい）．一般的には，$\phi_1 + kd_x - md_y > (<) \phi_1$ のとき賃金率に対

第 11 章　時間に依存した効用関数のもとでのいくつかの消費—ポートフォリオ問題

する（期待）将来の増分の資本化された価値は時間に依存している場合のほうが標準的な場合よりも常に小さい（大きい）．

また，確実同値賃金所得フローの資本化された価値については，危険回避の係数 $\phi_1 + kd_x - md_y$ を有する標準的な負の指数型効用関数を仮定すれば，ϕ_1 を $\phi_1 + kd_x - md_y$ で置き換える点を除けば，標準的な場合の (10.19) と同じ式が成立するだろう．ここでの枠組みにおいては (10.19) の右辺は将来収入の現在価値であることに注意すべきである．

$$dW = \{[(\mu - r)w^*(t) + r]W(t) - c^*(t)\}dt + \sigma w^*(t)W(t)d\omega + Y(t)dt + dY \tag{11.45}$$

であるので，

$$\text{Var}(dW) = \left[\frac{(\mu - r)^2}{r^2(\phi_1 + kd_x - md_y)^2 \sigma^2} + \varepsilon^2 \lambda\right] dt \tag{11.46}$$

が成立する．(11.44) より，$\text{Var}(dc^*)$ は

$$\text{Var}(dc^*) = \frac{(\mu - r)^2}{\phi_1^2 \sigma^2} dt + \frac{(r^2 + 1)}{\phi_1^2}(\phi_1 + kd_x - md_y)^2 \varepsilon^2 \lambda dt \tag{11.47}$$

と表される．$\frac{\text{Var}(dc)}{\text{Var}(dW)}$ は

$$\frac{\text{Var}(dc^*)}{\text{Var}(dW)} = \left(\frac{r}{\phi_1}\right)^2 (\phi_1 + kd_x - md_y)^2 + \alpha(\phi_1, \phi_2, \phi_3) \tag{11.48}$$

と表される．ここで，$\alpha(\phi_1, \phi_2, \phi_3)$ は ϕ_1, ϕ_2，および ϕ_3 の非負の関数である．

$\text{Var}(dc^*)$ は x と y によって影響される．第 11.1，11.2 節において取り扱われた場合においては $\text{Var}(dc^*)$ は x と y によって影響を受けないということを思い出すべきである．前の副節におけるごとく消費変化の分散の富の変化の分散に対する割合は，第 11.1 節の (11.20) における場合よりも小さくはない．

ここまで，無限期間の枠組みの中で考察してきた．次節においては，興味のある有限期間の消費—ポートフォリオ問題を考察する．

11.4 Hindy-Huang-Kreps の特定化のもとでの有限期間消費—ポートフォリオ問題

無限期間の枠組みの中で，Ingersoll [7] は標準の場合と Hindy-Huang-Kreps (HHK) の特定化における場合とを比較した．彼は時間的代替のみが存在すると仮定し，効用関数が $u(z) = \frac{z^\gamma}{\gamma}$ であると仮定した．HHK 特定化においては，現在の消費は現在の効用には貢献しない．かくして，彼は，第 11.1 節の (11.2) において $a = 0$, $b_1 = 1$, $b_2 = 0$, および $\eta = 0$ を仮定した．さらに，HHK 特定化においては，$W < W^*(x)$ のときには，最適消費計画はゼロであるような，x に依存した富の水準 $W^*(x)$ が存在する[*12]．この W に対して彼は，$J(W, x)$ を具体的に求めた[*13]．

一般的に，投資家は彼らの状況に応じて様々な期間を考えている．かくして，この問題を有限期間の枠組みの中で考察し，期間 T の最適プランに対する影響を調べることは興味のあることであろう．仮定は Ingersoll の場合と同じである．かくして，たとえば，第 11.1 節の (11.2) において $a = 0$, $b_1 = 1$, $b_2 = 0$, および $\eta = 0$ を仮定する．投資家が有限期間 T を有しているときの偏微分方程式は

$$0 = \exp(-\rho t)\frac{1}{\gamma}x^\gamma - \frac{1}{2}\left(\frac{\mu - r}{\sigma}\right)^2 \frac{J_W^2}{J_{WW}} + rWJ_W + J_t - kxJ_x, \quad W < W^*(x) \tag{11.49}$$

と表される．現在時点 t_0 においては，

$$x(t_0) = k \int_{-\infty}^{t_0} \exp[-k(t_0 - \tau)]c(\tau)d\tau \tag{11.50}$$

である．$s\ (> t_0)$ に対しては，

[*12] Hindy-Huang-Kreps の特定化の詳細な説明については Ingersoll [7, pp.703–704] を参照．

[*13] Ingersoll [7] において $I' = \gamma I - z^*I'$ (p.705), $W^*(x) = \frac{1-a}{a-\gamma}x$ (p.706) はそれぞれ $I' = k\gamma I - kz^*I'$, $W^*(x) = \frac{1-\alpha}{k(\alpha-\gamma)}x$ と表されるべきであろう．

第 11 章　時間に依存した効用関数のもとでのいくつかの消費—ポートフォリオ問題

$$x(s) = k\int_{-\infty}^{s} \exp[-k(s-\tau)]c(\tau)d\tau$$
$$= k\int_{-\infty}^{s} \exp[k(\tau-s)]c(\tau)d\tau$$
$$= k\int_{-\infty}^{t_0} \exp[k(\tau-s)]c(\tau)d\tau + k\int_{t_0}^{s} \exp[k(\tau-s)]c(\tau)d\tau \quad (11.51)$$

が成立する．$t_0 < \tau < s$ に対しては $c(\tau)$ はゼロなので，

$$x(s) = k\int_{-\infty}^{t_0} \exp[k(\tau-s)]c(\tau)d\tau$$
$$= k\int_{-\infty}^{t_0} \exp[k(\tau-t_0)]\exp[k(t_0-s)]c(\tau)d\tau$$
$$= x(t_0)\exp[-k(s-t_0)] \quad (11.52)$$

となる．かくして，$J(0, x, t_0)$ は

$$J(0, x, t_0) = \frac{1}{\gamma}\int_{t_0}^{T}\exp(-\rho s)\{x(t_0)\exp[-k(s-t_0)]\}^{\gamma}ds$$
$$= \frac{x^{\gamma}}{\gamma}\frac{1}{\rho+k\gamma}\exp(-\rho t_0)\{1-\exp[-(\rho+k\gamma)(T-t_0)]\} \quad (11.53)$$

と表される．単純化のため，遺贈ゼロとする．したがって，境界条件は

$$I(0, t_0) = \frac{J(0, x, t_0)}{x^{\gamma}},$$
$$I_z = k\gamma I - kz^* I_z,$$
$$J(W, x, T) = 0 \quad (11.54)$$

となる．ここで，$z = \frac{W}{x}$, $z^* = \frac{W^*}{x}$, そして $J(W, x, t) \equiv x^{\gamma}I(z, t)$ である．偏微分方程式 (11.49) は

$$\exp(-\rho t)\frac{1}{\gamma} - \frac{1}{2}\left(\frac{\mu-r}{\sigma}\right)^2\frac{I_z^2}{I_{zz}} + rzI_z + I_t - k\gamma I + kzI_z = 0 \quad (11.55)$$

となる．$I(z, t)$ の形を

125

$$I(z,t) = \frac{1}{\gamma(\rho + k\gamma)} \exp(-\rho t)\{1 - \exp[(\rho + k\gamma)(t-T)]\}(1 + Az^\alpha) \quad (11.56)$$

と推測する[*14]．もとの形（$J(W,x,t)$）での解は

$$J(W,x,t) = \frac{1}{\xi}e^{-\rho t}\left[1 - e^{(\rho+k\gamma)(t-T)}\right]\left[\frac{1}{\gamma}x^\gamma + \left(\frac{1-\alpha}{\alpha-\gamma}\right)^{1-\alpha}k^\alpha W^\alpha x^{\gamma-\alpha}\right],$$
$$W < W^*(x) \quad (11.57)$$

となる．ここで，

$$W^*(x) = \frac{1-\alpha}{k(\alpha-\gamma)}x,$$
$$\alpha = \frac{(1-\Delta)\theta + \xi\Delta - \sqrt{[(1-\Delta)\theta + \xi\Delta]^2 - 4(r+k)(1-\Delta)\xi}}{2(r+k)(1-\Delta)},$$
$$\xi = \rho + \gamma k,$$
$$\theta = \frac{1}{2}\left(\frac{\mu-r}{\sigma}\right)^2 + r + k + \xi$$

である．ここで，$\Delta \equiv \exp[(\rho+k\gamma)(t-T)] = \exp[\xi(t-T)]$ である．Ingersoll は α を富—危険許容母数（the wealth risk tolerance parameter）と呼んでいる．α は実数であることに注意する必要がある[*15]．

T に関しての W^* の比較静学については，補注において，W^* は T について厳密に増加関数であることが示される[*16]．

[*14] (11.54) における境界条件を満足し $T \to \infty$ のときに Ingersoll の $I(z)$ と形が一致する $I(z,t)$ の最も一般的な形は，A を $A(t)$ によって置き換えた (11.56) であるだろう．しかし，$A(t)$ は t に依存しないということが判明する．

[*15] 補注 A.1 を参照．さらに，補注 A.2 において，有限期間モデルでは，標準的な横断性条件が $\alpha > \gamma$ を保証するのに十分であることが示される．

[*16] 補注 A.3 を参照．

第 11 章 時間に依存した効用関数のもとでのいくつかの消費—ポートフォリオ問題

11.5 ふりかえって

　この章では主として，次の三つのことを行った．第一に，時間に依存する負の指数型効用関数に関する Ingersoll [7] の結果を補足した．第二に，時間に依存する負の指数型効用関数のもとで，Merton [9] において考察されていた無限期間問題に対して，Merton によって導出された時間加法的な場合（時間加法的な負の指数型効用関数）に対応する解を含む陽表的な解を導出した．最後に，Hindy-Huang-Kreps の特定化のもとでの無限期間問題に対して，同じ問題を有限期間の枠組みで考察し，対応する最適性方程式に対して明示的な解を導出した．この解は $T \to \infty$ のときには，Ingersoll によって与えられた解になる．

　Merton, Ingersoll, および Sundaresan [12] がいくつかの例外（たとえば，Ingersoll においては，消費の非負性が Hindy-Huang-Kreps の特定化のもとでの消費—ポートフォリオ問題に対して課されている）は別として制約条件の無い消費—ポートフォリオ問題を考察したごとく，本章においても消費と富に対する非負の制約を考慮に入れなかった．かくして，時間に依存している負の指数型効用関数に対する解がそうであるように，本章で導出された制約条件の無いもとでの解のいくつかはこれらの制約を満足していない．Cox & Huang [2] は時間に関して加法的な場合においてこれらの条件を考慮に入れた．Sundaresan が述べているごとく，Cox & Huang と同様の分析が時間に依存している状況においても必要だろう．さらに，最適性方程式（Bellman 方程式）に対する明示的な解を導出することに焦点を当てたということに注意すべきである．厳密に言えば，これらの解が実際に最適であることを確認する必要がある．第 11.4 節においては明示的な解の導出を行っただけである．J を推測する方針は次のようであった．J は時間に依存した効用関数と同じ型であると仮定した．さらに，J の型はこの仮定のもとでできる限り一般的であるようにした．

補注

A.1 富—危険許容母数（the wealth risk tolerance parameter）について

$$[(1-\Delta)\theta + \xi\Delta]^2 - 4(r+k)(1-\Delta)\xi$$
$$= \xi\Delta + (1-\Delta)\left[\frac{1}{2}\left(\frac{\mu-r}{\sigma}\right)^2 - r - k - \xi\right]^2 + 2(1-\Delta)^2(r+k)\left(\frac{\mu-r}{\sigma}\right)^2 \quad\text{(A.1)}$$

が成立することに注意せよ．かくして，α は要請されているごとく実数である．

A.2 横断性条件

無限期間モデルにおいて，標準的な横断性条件が $\alpha > \gamma$ を保証するのに十分であるということが Ingersoll [7] によって示された．これらの標準的な条件は

$$\rho > 0, \quad\text{(A.2a)}$$

$$\rho > \gamma\left[r + \frac{1}{2}\left(\frac{\mu-r}{\sigma}\right)^2 \frac{1}{1-\gamma}\right] \quad\text{(A.2b)}$$

である．以下において，有限期間モデルにおいてもこれらの横断性条件はやはり $\alpha > \gamma$ を保証するのに十分であることが示される．この不等式，すなわち，$\alpha > \gamma$ は

$$(1-\Delta)\theta + \xi\Delta - \sqrt{[(1-\Delta)\theta+\xi\Delta]^2 - 4(r+k)(1-\Delta)\xi} > 2(r+k)(1-\Delta)\gamma \quad\text{(A.3)}$$

と表される．(A.3) は

$$(r+k)(1-\Delta)\{(1-\Delta)\gamma[(r+k)\gamma - \theta + \xi] + \xi(1-\gamma)\} > 0 \quad\text{(A.4)}$$

に還元する．$\gamma < 1$ であるので，$\xi(1-\gamma) > 0$ となる．かくして，$\gamma[(r+k)\gamma - \theta + \xi] \geq 0$ であるならば (A.4) が成立し，$\alpha > \gamma$ となる．$\gamma[(r+k)\gamma - \theta + \xi] < 0$ であれば，

第 11 章　時間に依存した効用関数のもとでのいくつかの消費—ポートフォリオ問題

$$\gamma[(r+k)\gamma - \theta + \xi] - \xi(1-\gamma) > 0 \tag{A.5}$$

が成立することを示せば十分である．

$$\theta = \frac{1}{2}\left(\frac{\mu-r}{\sigma}\right)^2 + r + k + \xi$$

なので，(A.5) は

$$\xi(1-\gamma) > \gamma\left[(r+k)(1-\gamma) + \frac{1}{2}\left(\frac{\mu-r}{\sigma}\right)^2\right] \tag{A.6}$$

と表される．(A.6) は Ingersoll における (A.7) (p.709) の中の不等式と同一である．かくして，Ingersoll によって示されているごとく，(A.6) は (A.2b) から導出される．ゆえに，$\gamma[(r+k)\gamma - \theta + \xi] < 0$ であるときには，$\alpha > \gamma$ もやはり真である．

A.3　比較静学

以下において，$\frac{\partial W^*}{\partial T} > 0$ であることを示す．この目的のために，最初に α の Δ に関する比較静学を考察する．$\frac{\partial \alpha}{\partial \Delta}$ は，次のように表される：

$$\frac{\partial \alpha}{\partial \Delta} = \frac{1}{2(r+k)}\frac{\eta}{(1-\Delta)^2}$$
$$\cdot \left\{1 - \left[\theta + \frac{\eta\Delta}{1-\Delta} - 2(r+k)\right]\bigg/\sqrt{\left(\theta + \frac{\eta\Delta}{1-\Delta}\right)^2 - \frac{4(r+k)\eta}{1-\Delta}}\right\}. \tag{A.7}$$

$$\left(\theta + \frac{\eta\Delta}{1-\Delta}\right)^2 - \frac{4(r+k)\eta}{1-\Delta} - \left[\theta + \frac{\eta\Delta}{1-\Delta} - 2(r+k)\right]^2 = 2\lambda^2(r+k) \tag{A.8}$$

が成立するので，$\frac{\partial \alpha}{\partial \Delta} > 0$ となる．かくして，α は Δ に関する厳密な増加関数である．Δ は，T に関する厳密な減少関数であるので，W^* は T に関する厳密な増加関数である．

第 III 部 参考文献

[1] Constantinides George M., 1990, Habit Formation: A Resolution of the Equity Premium Puzzle, *Journal of Political Economy*, 98, 519–543.
[2] Cox, J. C. and C. Huang, 1989, Optimum Consumption and Portfolio Policies When Asset Prices Follow a Diffusion Process, *Journal of Economic Theory*, 49, 33–83.
[3] Duffie, D. and Epstein, L. G., 1992, Stochastic Differential Utility, *Econometrica*, 60, 353–394.
[4] Fleming, W. H. and R. W. Rishel, 1975, *Deterministic and Stochastic Optimal Control*, Springer-Verlag.
[5] Harrison, J.M., 1990, *Brownian Motion and Stochastic Flow Systems*, R.E. Krieger Publishing Company.
[6] Ingersoll, Jr, J. E., 1987, *Theory of Financial Decision Making*, Rowman and Little-field, Totowa, NJ.
[7] Ingersoll, Jr, J. E., 1992, Optimal Consumption and Portfolio Rules with Intertemporally Dependent Utility of Consumption, *Journal of Economic Dynamics and Control*, 16, 681–712.
[8] Merton, R. C., 1973, Erratum, *Journal of Economic Theory*, 6, 213–214.
[9] Merton, R. C., 1990, Continuous-Time Finance, 120–165, Blackwell (reproduced from Merton, R. C., 1971, Optimum Consumption and Portfolio Rules in a Continuous-time model, *Journal of Economic Theory*, 3, 373–413.)
[10] Sakagami, Y., 1995, Some Consumption Portfolio Problems with Intertemporally Dependent Utility Functions, *Japan Financial Review*, No.20, 1–21.
[11] Sethi, S. P. and M. Taksar, 1988, A Note on Merton's Optimum Consumption and Portfolio Rules in a Continuous-Time Model, *Journal of Economic Theory*, 46, 395–401.
[12] Sundaresan, S., 1989, Intertemporally Dependent Preferences and the Volatility of Consumption and Wealth, *Review of Financial Studies*, 2, 73–89.
[13] 田畑吉雄, 1993, 数理ファイナンス論, 牧野書店.

あとがき

「本書の出版にあたって」で述べたように,本書は主として三つの公表された論文に基づいて書かれている.すなわち,

1993 屈曲効用関数と危険回避度,行動計量学,第 20 巻,第 1 号,64–70,

1995 Some Consumption Portfolio Problems with Intertemporally Dependent Utility Functions, *Japan Financial Review*, No.20, 1–21,

1997 The Comparative Statics of Shifts in Risk, *Journal of Operations Research Society of Japan*, Vol.40, No.4, 522–535

である.これらに基づいて博士論文は 1999 年に書かれた.それ以降のリスクのもとでの意思決定についての研究は目覚しいものがある.この動向すべてを網羅することは不可能であり,さらに著者の最近の関心はこの分野に関しては静的な問題にあるので,ここでは静的な問題に限定し,それに関する動向の一面(主として高次化)についてのみ触れておくことにする.

第 I 部で取り上げた効用関数とリスク・プレミアムについては高次化の研究が行われている.危険回避関数の高次化が行われ,Pratt と Ross の危険回避に対する結果の高次化が研究されている.たとえば,

2005 Modica, S. and Scarsini, M., A note on comparative downside risk aversion, *Journal of Economic Theory*, Vol.122, 267-271,

2007 Jindapon, P. and Neilson, W., Higher-order generalizations of Arrow-Pratt and Ross risk aversion: a comparative statics approach, *Journal of Economic Theory*, Vol.136, 719-728,

2010 Denuit, M. and Eeckhoudt, L., Stronger measures of high-order risk attitudes, *Journal of Economic Theory*, Vol.145, 2027-2036,

2013 Denuit, M. and Eeckhoudt, L., Risk attitudes and the value of risk transformations, *International Journal of Economic Theory*, Vol.9, No.3,

245-254

などが挙げられる．さらに，A Note on Fourth-Order Risk Aversion (Decisions in Economics and Finance 掲載予定) も挙げられる．また，確実同値額と危険回避関数の関係についても，さらに研究がなされている．

第II部でのリスクの変化の中では，確率優越としては，三次までの確率優越をとりあげたが，より高次の確率優越についての研究としては，例えば，

2009　Eeckhoudt, L., Schlesinger, H., and Tsetlin, I., Apportioning of risk via stochastic dominance, *Journal of Economic Theory*, Vol.144, No.3, 994-1003,

2014　Denuit, M. and Liu, L., Decreasing higher-order absolute risk aversion and higher-degree stochastic dominance, *Theory and Decision*, Vol.76, No.2, 287-295

が挙げられる．

高次のリスクの変化についての研究としては，例えば，

2012　Chiu, H., Eeckhoudt, L., and Rey, B., On relative and partial risk attitudes: theory and implications, *Economic Theory*, Vol.50, No.1, 151-167

が挙げられる．また，第7.2節では，MGPRというリスクの変化を考えたが，このMGPRの諸性質について

2012　Some Properties of the Monotone Generalized Probability Ratio Order, 追手門経営論集, Vol.15, No.1, 89-98

で考察した．

また，この本では加法的なリスクについて考えているが，乗法的リスクを考える研究もなされている．例えば，

2006　Franke, G., Schlesinger, H., and Stapleton, R., Multiplicative background risk, *Management Science*, Vol.52, No.1, 146-153

が挙げられる．筆者は乗法的リスクの変化の意思決定に与える影響について

2006　The Effects of FSD Changes in Multiplicative Background Risk on

Risk-Taking Attitude, *International Journal of Innovative Computing, Information and Control*, Vol.2, No.5, 1017-1025 で考察した.

今後の研究の動向が注目されるところである.

索引

欧文字

Bellman 方程式	116
DARA	33
DRRA	33
FSD	65
FSD 変換	93
$HARA$ 型効用関数	112
HHK 特定化	124
IARA	33
IRRA	33
Jensen の不等式	4
Lebesgue の優収束定理	51
MGPR	69
MLR	69
MPR	69
Ornstein-Uhlenbeck 過程	107
Poisson 過程	106
Pratt の定理	3
SSD	50
SSD 変換	93
Taylor 展開	34
TSD	65
TSD 変換	93

あ 行

遺贈	125
一次確率優越順序	64
一次変換	93
一定 RRA	38
伊藤の補題	107

横断性条件	126

か 行

確実同値賃金率	110
確率的機会	111
確率プレミアム	2
間接的選好	11
幾何 Brown 運動仮説	108
危険回避関数	2
危険の平均保存的増大	81
基礎的最適性方程式	107
基本的消費―ポートフォリオ問題	106
局所的危険回避	3
屈曲効用関数	11
屈曲線形効用関数	11
決定的変換	93
現金同値額	13
減少的危険回避	33
減少的相対危険回避	33
減少的な時間的危険回避	102
効用関数の凹変換	2
効用関数の微分可能性	10
効率的集合	11

さ 行

再帰的効用関数	111
最適ポートフォリオ	83
三次確率優越順序	64
三次変換	93
時間選好	113

時間的代替効果	113
時間的に加法的な効用関数	111
時間的補完効果	113
初期資産	2
絶対的危険回避関数	25
漸近的正常価格水準仮説	106
選択変数	96
増加的危険回避	33
増加的相対危険回避	33
相対的危険回避関数	25
相対的プルーデンス関数	91

た 行

単純 TSD 変換	98
単純変換	95
特定化	49
富—危険許容母数	126

な 行

二期間消費—投資問題	99
二次確率優越順序	64
二次変換	93
二変量 t 分布	53
二変量ガンマ分布	53
二変量正規分布	53

は 行

派生的効用関数	30
比較静学	69
左微分	20
標準 Wiener 過程	107
負の指数型効用関数	107
プルーデンス関数	91
プロスペクト	49
平均値の定理	6
平均保存的縮小	83
偏相対的危険回避関数	26
ポートフォリオ分析	11

ま 行

右微分	20
無危険市場率	110
無限期間消費—ポートフォリオ問題	107

ら 行

リスク・プレミアム	2

著者紹介

坂上　佳隆（さかがみ　よしたか）

博士（経済学）大阪大学
追手門学院大学 経営学部長
追手門学院大学 経営学部 マーケティング学科 教授
追手門学院大学 大学院 経営学研究科 教授

リスクのもとでの意思決定

2015年3月15日初版発行

著作者　　坂上　佳隆

発行所　　追手門学院大学出版会
　　　　　〒567-8502
　　　　　大阪府茨木市西安威2-1-15
　　　　　電話（072）641-7749
　　　　　http://www.otemon.ac.jp/

発売所　　丸善出版株式会社
　　　　　〒101-0051
　　　　　東京都千代田区神田神保町2-17
　　　　　電話（03）3512-3256
　　　　　http://pub.maruzen.co.jp/

編集・制作協力　丸善株式会社

©Yoshitaka SAKAGAMI, 2015　　　Printed in Japan

組版・印刷／三美印刷株式会社
製本／株式会社星共社
ISBN978-4-907574-08-6 C3033